I0471582

TRADER
À CONTRE-TENDANCE

Traduction française : Jean-Michel Houssay

Heikin Ashi Trader

DAO PRESS

Copyright © 2019 par Heikin Ashi Trader

Tous droits réservés. Aucune partie de ce livre ne doit être reproduite ou utilisée sous quelque forme ou par quelque moyen que ce soit, électronique ou mécanique, y compris la photocopie, l'enregistrement, ou tout système de stockage et de récupération d'information, sans l'autorisation écrite de l'éditeur.

Première édition, février 2019

Les informations présentées ici correspondent l'opinion de l'auteur à la date de publication. Ce livre est proposé à des fins d'information et de divertissement uniquement. En raison de la vitesse à laquelle les conditions économiques et culturelles changent, l'auteur se réserve le droit de modifier et de mettre à jour ses opinions en fonction des nouvelles données. Bien que tout ait été mis en œuvre pour vérifier les informations contenues dans ce livre, ni l'auteur ni ses associés/partenaires n'assument la responsabilité en cas d'erreurs, d'inexactitudes ou d'omissions. À aucun moment les informations contenues dans ce document ne doivent servir en de conseils professionnels, d'investissements, fiscaux, comptables, juridiques ou médicaux. Ce livre ne constitue ni une recommandation, ni un mandat de garantie pour quelque activité, industrie, site web, actions, portefeuille d'actions, transaction ou stratégie d'investissement que ce soit.

Publié par :

Dao Press
Dao Press est une marque de
Splendid Island Ltd
Scanbox #05927
Ehrenbergstr 16a
10245 Berlin - Deutschland

TABLE DES MATIÈRES

PARTIE 1 :
STRATÉGIE DE RELANCE

CHAPITRE 1

---❁---

ÉCHANGEZ LORSQUE LA FOULE A PEUR

« Je crois que la meilleure façon de gagner de l'argent est quand le marché amorce un retournement. Tout le monde dit que vous allez vous ruiner en vous basant sur les pics et les creux, et que vous ferez tout votre beurre en jouant la tendance moyenne. Eh bien, pendant douze ans, j'ai raté la cible moyenne, mais j'ai fait beaucoup de l'argent grâce aux pics et aux creux » -

Paul Tudor Jones

Toute personne qui commence à trader sur le marché boursier doit s'armer de courage. Il ne s'agit pas d'être insensible mais courageux. Si vous voulez être un bon spéculateur, vous devez être disposé à prendre des risques insensés. Il en a toujours été ainsi. Si vous privilégiez l'instinct grégaire, vous obtenez ce qu'obtient le troupeau : presque rien.

Par conséquent, s'il vous prend la folie de spéculer, faites en sorte que le jeu en vaille la chandelle. Tous ceux qui ont lu mes livres sur le scalping savent que je suis un trader à contre-tendance. Cela signifie, que j'attends jusqu'à qu'une tendance soit terminée avant de prendre une position inverse. En tant que petit trader, il me semble juste logique d'essayer de profiter des revirements qu'évoque Paul Tudor Jones dans sa citation.

Ce système a convaincu beaucoup de traders. Cependant, beaucoup, comme moi, se sont rendu compte au cours de ces dernières années qu'il n'était pas toujours facile de trouver des marchés où vous pouviez scalper facilement. La méthode fonctionne mieux sur les marchés à la baisse. J'ai développé particulièrement la méthode en de telles occasions.

Sur les marchés marqués par une hausse durable, comme cela a été le cas depuis 2009 (à novembre 2018), les fluctuations auront tendance à disparaître. Il devient donc de plus en plus difficile de trouver un marché où vous pouvez scalper, grâce à cette méthode. Par conséquent, beaucoup de traders ont eu recours aux méthodes classiques. Ils spéculent à partir d'un graphique de 5 à 15 minutes. D'autres ont commencé à employer ma méthode sur des laps de temps plus élevés. Naturellement, cela fonctionne également dans ce cas, selon le principe universel : les meilleures occasions se produisent lors des revirements.

Existe-t-il des solutions de rechange pendant des périodes d'accalmie ? L'une d'elles est la **stratégie de relance**. De quoi s'agit-il ? Chacun sait que si vous étirez un élastique, il peut vous revenir en pleine figure. En outre, plus vous l'étirez, plus le contrecoup sera important. Ce principe s'applique également au marché boursier. C'est pourquoi nous parlons de relance, c'est-à-dire que l'élastique revient en pleine figure après que l'étirement ait été trop fort.

Cette méthode est fondée sur l'hypothèse que quand un marché suit une tendance extrême, on peut supposer qu'un contrecoup surviendra. Bien qu'il soit difficile de prévoir le précédent mouvement, le spéculateur peut, sans nul doute, s'attendre à un contrecoup. Le trader de relance compte sur cette forte probabilité. Il n'essaye pas même de prévoir si un marché va fortement progresser ou chuter. Il attend patiemment. S'il perçoit un tel mouvement, il se positionnera inversement au mouvement précédent dès que celui-ci aura tendance à s'atténuer.

Image 1 : Bitcoin, graphique hebdomadaire 2016 - 2018

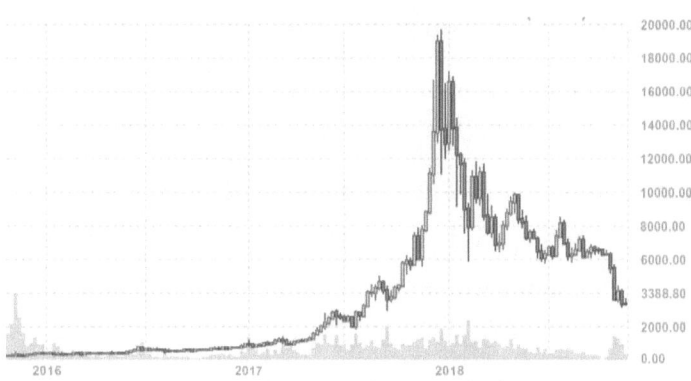

Sur l'image 1, vous voyez un marché qui a été étiré à l'extrême Il s'est littéralement effondré après avoir augmenté rapidement comme une fusée, comme s'il n'avait plus aucune limite. Du moins, c'était l'espoir secret des spéculateurs, rêvant encore de prix plus élevés.

Cette image me rappelle l'époque de la bulle spéculative en l'an 2000. Des milliers de nouveaux spéculateurs surgissaient de nulle part, pensant que les lois de la pesanteur n'existaient plus. N'importe quel opérateur avisé savait que c'était simplement une question de temps avant que le château de cartes s'effondre. Ce fut le cas après la bulle spéculative. Cela s'est produit avec les devises cachées, et ce sera toujours le cas pour tout marché orienté à la hausse comme si les lois de Newton ne s'appliquaient soudainement plus. Ce phénomène est l'objet de ce livre. Je veux analyser l'état du marché juste avant que l'élastique reprenne brusquement sa position initiale.

Tous ceux qui lisent mes ouvrages sur la spéculation comprendront le système. Je suis l'un de ces spéculateurs qui n'essaye pas d'anticiper les principales variations du marché (spécialité des analystes). Je ne peux pas prévoir de tels mouvements et, même si je le pouvais, je ne m'y risquerais pas. Ce à quoi je peux très bien m'attendre, est la résultante d'un mouvement excessif, un contrebalancement normal, une correction. Mes méthodes se basent sur cette logique.

Il y a toujours eu des spéculateurs pour utiliser la stratégie de relance, ou une variante. Par exemple, certains se spécialisent dans les variations extrêmes des petites actions, appelées «*penny-stocks*». En particulier, si ces spéculateurs sont capables de gagner rapidement avec ces *penny-stocks* « surcotées».

Les rédacteurs de lettres boursières aiment recommander certaines *penny-stocks* à leurs lecteurs. Ils les impressionnent avec une présentation idyllique de cette petite compagnie. Les lecteurs appellent leurs courtiers et achètent tous les actions disponibles, pour seulement, en général, quelques pennies sur le marché boursier. C'est pourquoi on les appelle des *penny-stocks*. Naturellement, la croissance est rapide sur un si minuscule « marché ». Assez vite, le carnet de commande de ces actions sera plein. Le résultat est, qu'au début les actions auront tendance à fortement grimper. Une hausse des prix de 100 ou 200% en deux ou trois jours n'est pas rare. Un tel excès attire inévitablement les spéculateurs de relance, qui se spécialisent rapidement sur de telles actions, sur ce marché. Ils essayent d'établir des positions à la vente au moment où la hausse a atteint son paroxysme. Chacun a acheté et veut tirer parti des bénéfices. Les premiers commencent à prendre leurs bénéfices, déstabilisant les actions. Quand les petits vendeurs veulent céder leurs actions, la pression s'accentue. Il n'est pas rare que les actions s'effondrent, jusqu'à un niveau souvent encore plus bas que celui où elles étaient quelques jours plus tôt, quand elles avaient été recommandées par la newsletter. Inutile de dire que les spéculateurs de relance intelligents sont ceux qui réalisent un bénéfice honnête sur ce marché, non les « lecteurs-investisseurs ». Cependant, ils doivent se méfier, parce qu'ils peuvent se tromper dans leur synchronisation, et les actions sont capables de progresser encore un moment. Si, dans ce cas-ci, le trader de relance n'encaisse pas ses sous rapidement, les pertes pourront s'avérer plus importantes.

Il y a toujours eu des escrocs (la plupart du temps il s'agit de ces fameux auteurs des newsletters du marché des *penny-stocks*), qui avaient précédemment acheté les actions avant de les recommander dans leur lettre boursière. Quand leurs lecteur-investisseurs commencent à acheter, ils changent soudainement leur fusil d'épaule. De cette façon, ils en profitent deux fois. Non, trois. D'abord, ils se font de l'argent avec les abonnements à leurs lettres boursières (des affaires juteuses !). Puis ils encaissent des profits quand les actions commencent à grimper. Enfin, surtout, quand le château de cartes s'effondre, ils gagnent souvent de l'argent en vendant. Ces personnes spéculent véritablement contre leurs propres lecteurs. Tout ceci se fait, souvent, par le biais d'hommes de paille.

Cette pratique est illégale. Des condamnations exemplaires ont été prononcées par le passé. De plus, bien que tout le monde sache que les régulateurs peuvent identifier ce type de fraude, il est surprenant de constater que de nombreuses personnes continuent. Si vous voulez savoir comment cela fonctionne et vous détendre, il vous suffit de regarder le film «*Le loup de Wall Street*» avec Leonardo DiCaprio. Il démontre jusqu'où cette pratique peut aller. Cependant, le film se passe dans les années quatre-vingt, où les «naïfs», donc les «lecteurs-investisseurs» du bulletin d'information, ont été hameçonnés par téléphone. Bien sûr, aujourd'hui cela se passe par courrier électronique. Mais le principe demeure toujours le même.

Quoi qu'il en soit, ce livre ne traite pas du marché des *penny-stocks* et certainement pas des pratiques illégales. Je veux plutôt montrer au lecteur comment tirer parti des fluctuations extrêmes, pour peu qu'il accepte de surmonter sa peur d'agir à contre-courant du troupeau.

Par exemple, si un marché grimpe pendant sept heures et que les acheteurs commencent à manquer de liquidités (essoufflement), vous pouvez être sûr que je me situerai de l'autre côté du marché. Je suis court. Et honnêtement, cela fait peur. Parfois, vous pourriez avoir un peu peur, parfois être carrément angoissé. Je ne déroge pas à la règle. J'ai peur aussi. Si le marché est long et que vous avez une position courte, vous sentez vraiment que vous êtes vivant.

L'inverse est pareil. Si le marché s'est effondré toute la journée suite à un événement et que tout le monde est court, alors vous pouvez en déduire que je suis long. Et cette position me fait peur aussi. *Moi contre le reste du monde*. Tel est l'objet de ce livre. » **Moi contre le reste du monde**.

Je n'évoquerais pas ces spéculations de relance si je ne croyais pas qu'il existe une stratégie spéculative solide derrière cette méthode. Ou alors ce que je partage ici n'a aucune valeur. Je tiens à préciser à nouveau que cette méthode ne sort pas de mon imagination, mais qu'elle a toujours été utilisée par des spéculateurs intelligents dans le monde entier. Peut-être n'en avez-vous pas encore entendu parler, car ces personnes restent discrètes. Ces spéculateurs ont intégré la méthode consistant à adopter la position inverse par rapport aux fluctuations extrêmes, de sorte qu'ils n'ont plus à y penser. Ils sont courts au moment où la plupart des spéculateurs n'y songent même pas, s'ils sont courts (nous savons que seulement 1% des investisseurs le sont).

Beaucoup de personnes ont simplement besoin d'une sorte de «confirmation» que le marché a basculé et qu'ils doivent désormais négocier en sens inverse. Certains pourraient dire qu'ils ont besoin d'un «signal» pour être court ou long. Il existe toute une industrie boursière qui s'efforce de transmettre de tels «signaux» aux spéculateurs novices. Si vous avez l'intention de vous abonner à un tel «service de signal», vous êtes perdant à long terme. Croyez-moi, je l'ai essayé plusieurs fois au début et je suis toujours tombé sur un bec

Pourquoi ? Parce que quand le «signal» survient, l'occasion est déjà passée. Ces signaux arrivent généralement trop tard. Pensez-y : tout d'abord, l'analyste doit reconnaître le signal sur le graphique. Cela arrive lorsque ses indicateurs lui en fournissent un. C'est principalement lorsque le marché s'est déjà retourné et que la tendance s'est un peu inversée. Ensuite, l'analyste (qui, soit dit en passant, n'agit pas sur ses propres signaux, il laisse le soin aux lecteurs de sa lettre d'être mis en garde) va sur son ordinateur et commence à rédiger un rapport passionnant, affirmant que ses indicateurs lui ont donné un signal. En règle générale, plusieurs heures se sont déjà écoulées. S›il écrit ensuite son rapport dans la liste de diffusion et clique enfin sur «envoyer», il faudra un certain temps avant que vous ne receviez le courrier. En fonction de la taille du service de signal, les lecteurs commencent à acheter et, éventuellement, vous aussi. Pensez-y. Tout le monde ne se situe pas en début de chaîne alimentaire.

Le lecteur peut déjà le deviner. Si vous attendez toujours une confirmation, la caravane sera déjà partie. Si vous entrez sur le marché alors, vous obtenez généralement un prix inférieur à celui où vous auriez acheté, par exemple, lorsque le marché était complètement à la baisse. Cela va de soi, il faut y penser. Le vieil expert hongrois en bourse André Kostolany a bien résumé la situation : « Vous devez acheter quand le sang coule dans les rues. » En réalité, ce dicton reflète l'expression du bon sens. Les questions que je pose sont : pourquoi est-il si difficile pour les traders de mettre en pratique cette sagesse boursière ? Et pourquoi beaucoup de spéculateurs ont-ils si peur d'acheter lorsque le sang coule dans les rues ? Et pourquoi avons-nous si peur d'être court alors que le reste du monde est long ?

L'affirmation que j'énonce dans ce livre est simple, mais très directe : si vous n'avez pas expérimenté la peur en spéculant, cela ne vaut probablement pas la peine de prendre une telle position.

En d'autres termes, *ne spéculez que lorsque vous avez peur*.

Certains spéculateurs peuvent considérer mon analyse comme acquis. Ils ont tort. Demandez-vous combien de traders achètent ou vendent en se référant à des points du graphique qui ne sont pas pertinents. C'est pourquoi je dis : spéculez uniquement quand vous avez peur.

Pour les personnes qui ne sont pas habituées à négocier, une telle affirmation peut paraître absurde. Comment pouvez-vous risquer de l'argent en vous basant sur la peur ! Cependant, c'est exactement ce dont il s'agit. Si vous n'avez que peu d'expérience sur le marché boursier, vous savez que rien n'est rationnel ici comme le souhaiteraient tout bon économiste ou analyste. Le marché boursier est souvent fou. Presque tous les jours, vous pouvez en mesurer les excès. Et c'est exactement sur cette base que les vrais spéculateurs font leur beurre.

Si le marché boursier était une entité rationnelle (comme le suggèrent les techniciens du marché boursier), il n'y aurait alors aucune raison d'y entrer. Parce qu'alors chaque prix indiqué par les graphiques serait un prix rationnel et justifié par les données fondamentales. *L'hypothèse d'un bon fonctionnement du marché* s'avérerait probante. L'hypothèse d'un bon fonctionnement du marché établit que les cours boursiers reflètent l'ensemble des informations disponibles sur ce marché. Toute personne qui a un peu d'expérience spéculative sait que ce n'est pas le cas.

Cependant, la question n'est pas : comment pouvez-vous maîtriser cette chose irrationnelle appelée le marché boursier ? C'est ce que les techniciens en bourse essaient de faire. Ils conçoivent des stratégies basées sur les *backtesting* qui sont recrachés par leurs programmes informatiques. Cela ne pose aucun problème. J'en ai moi-même développé et j'ai écrit un joli petit livre à ce sujet. Je connais bien cette façon de penser et respecte les traders qui choisissent cette option.

J'ai écrit ce livre pour les spéculateurs plus enclins à suivre leurs instincts. Si vous apprenez à suivre votre instinct, vous pouvez connaître le même succès sur le marché boursier que quelqu'un qui calcule tout et l'applique ensuite à partir d'un programme informatique. Je voudrais demander à mesdames et messieurs les techniciens de quitter maintenant la salle. Ceux que je nomme les „traders insensés» peuvent rester. Ce sont ceux qui osent assumer des risques que la plupart des spéculateurs n'oseront jamais prendre. En d'autres termes, dorénavant, nous allons parler de ces spéculations qui vous font vraiment peur. À ce sujet, le poète romain Plaute dit : *Abducet praedam, qui occurit prior**.

*Le monde appartient à ceux qui se lèvent tôt

CHAPITRE 2

POURQUOI JE NE SUIS PAS LA TENDANCE

Achetez à la hausse et vendez encore plus cher ou vendez à la baisse et achetez moins cher. C'est la devise de ceux qui suivent les tendances. Cela semble du bon sens. En règle générale, c'est ce que préconisent tous les professionnels du trading. Il y a de sérieuses raisons pour être sceptique.

Le problème est que la spéculation de tendance ne fonctionne pas pour l'ensemble des traders. Maintenant, vous pourriez me blâmer d'essayer de ramener les fluctuations à la hausse ou à la baisse, à une simple devinette. Qui va profiter du jour de la semaine où la bourse va baisser ou grimper ? Personne.

C'est possible. Toutefois, le fait de suivre la tendance est, pour moi, tout aussi difficile que l'anticiper. Car la soi-disant affirmation que le marché continuera à suivre cette tendance, n'est, en fait, qu'une hypothèse d'école. Comment puis-je en être certain ?

Selon moi, les traders qui veulent suivre la tendance agissent de façon inconsciente sans s'inquiéter outre mesure. Ils veulent être «en sécurité» parmi le troupeau, comme celui-ci suit la tendance. C'est toujours plus sûr, ou ça paraît plus sûr d'être dans la masse, en suivant la tendance. Puisque cette masse est sur un chemin balisé, et a peur de se faire remarquer, le chemin conduit à des résultats, généralement, médiocres.

Tout ce que vous pouvez espérer, au mieux, en agissant ainsi, ce sont de modestes bénéfices. C'est pourquoi je dis que si vous voulez être parmi les gagnants sur le marché boursier, vous devrez affronter votre peur en face. Vous devrez apprendre à marcher sur un chemin isolé et à agir à l'inverse de la plupart des spéculateurs.

C'est pourquoi je suis un « contrarian », un trader qui agit à contre-tendance. Je suis un trader qui est long quand tout le monde est court et vice-versa. C'est une position inconfortable et certainement pas pour tout le monde. C'est pourquoi il est essentiel de comprendre pourquoi ma méthode de «contre-tendance» fonctionne. C'est ce que je vais expliquer dans les chapitres suivants.

CHAPITRE 3

---- ✦ ----

RETOUR À LA MOYENNE

Avant d'entrer dans les détails de cette méthode de spéculation, nous devrions d'abord considérer la raison pour laquelle les positions peuvent agir contre la tendance et pourquoi cela semble moins risqué à première vue. Nous parlons de l'*effet du retour à la moyenne*. Le terme est utilisé en statistique, où il est plus connu sous le nom de «régression vers la moyenne». Il décrit le phénomène souvent observé par lequel une mesure extrême est suivie par une autre, à nouveau plus près de la moyenne, pour peu que le hasard influe sur la variable mesurée.

Ce qui semble compliqué est, en fait, très simple. Il signifie que plus les mesures s'écartent de leur moyenne, plus elles sont susceptibles d'y revenir.

En termes de marchés financiers, cette théorie implique que les marchés qui ne s'autorégulent pas au fil du temps, même par l'effet du hasard, seront plus soumis aux grands écarts. Les marchés, pour ainsi dire, ont une mémoire et tendent à inverser les mouvements précédents.

Concrètement, ceci signifie que toute augmentation des prix doit être corrigée jusqu'à un certain point (c'est-à-dire qu'elle doit être compensée par des prix à la baisse). Pour le dire simplement : ce qui grimpe, doit baisser et vice-versa.

C'est ce que signifie le retour à la moyenne signifie à long terme, les prix ne fluctuant pas simplement autour d'un niveau moyen : ils reviennent véritablement à ce niveau. Cette théorie va donc à l'encontre de l'hypothèse déjà évoquée d'efficacité du marché.

L'idée sous-jacente à ce retour moyen est que les prix qui s'écartent de la moyenne y reviendront par la suite.

Une stratégie de spéculation basée sur le retour à la moyenne, se fonde sur l'espérance que les variations extrêmes de prix devront en référer à leur valeur moyenne précédente. Naturellement, ceci s'applique pour des prix extrêmement élevés ou extrêmement bas.

Maintenant, comme vous le savez, il existe différents indicateurs techniques d'analyse, fondés sur cette hypothèse. Les plus connus parmi eux sont les RSI (*Relative Strength Index* ou Indice Relative de Force) et les divers indicateurs stochastiques.

Bien que beaucoup de stratégies de trading se fondent sur ces indicateurs, ou les utilisent pour produire un signal, elles m'ont paru insatisfaisantes quand il s'agit de produire des signaux de trading utiles. Le taux d'erreur est trop élevé simplement, quels que soient les paramètres que vous modifiez.

La raison de «l'échec» de ces indicateurs par le passé est simple. Ce que les statisticiens appellent «moyenne», n'est, en fait, pas constant. Elle n'est pas définitivement fixe, en sorte que les spéculateurs n'aient qu'à attendre que les prix tendent de nouveau vers cette valeur. Vous pouvez ainsi attendre longtemps et en vain.

L'exemple du retour à la moyenne de titres fixes peut s'appliquer dans le cas présent. La moyenne statistique est historiquement autour 3%. Cependant, le rendement a été très en baisse depuis 2010 et les investisseurs ont dû attendre longtemps avant qu'il ne retrouve sa moyenne historique. En clair, cela signifie que les valeurs moyennes ne sont pas des données statiques toujours fixes, mais des variables dynamiques influencées par des éléments extérieurs, tels que l'inflation. Les valeurs moyennes représentent donc des objectifs de prix «fluctuants», ce qui, naturellement, rend difficile leur calcul exact.

Si la valeur moyenne des titres demeure stable à 3%, elle s'avère très différente sur un marché tel que le pétrole brut. Dans ce cas, la moyenne statistique s'est établie à 31 $ depuis 1960. Nous nous en sommes écartés depuis à maintes reprises, et la question est de savoir si nous reviendrons un jour cette valeur, même si ce n'est pas exclu. Si le plus grands producteur de pétrole au monde, *Aramco* d'Arabie Saoudite, à un moment donné, réussit finalement son IPO, alors nous pourrions bientôt avoir des taux bien au-dessous de cette valeur moyenne, parce qu'alors les cheiks arabes devraient mettre cartes sur table et dire au monde entier quelle est leur réserve pétrolifère exacte. Si cela venait à se produire, et il s'est avéré que les Saoudiens possèdent assez de pétrole pour remplir les océans du monde entier (ce qui n'est pas invraisemblable !), nous pourrions rapidement avoir un prix de 31 $ pour le pétrole brut, comme des prix très inférieurs aussi. Ne tirez donc pas de conclusions trop hâtives à propos du prix du pétrole.

Ceci me rappelle une rencontre que j'avais eue il y a plusieurs années, avec un trader américain qui visitait Berlin. Quand j'ai su ce qu'il faisait, je l'ai invité au restaurant, et il a heureusement accepté. C'était un homme sympathique, mais discret, qui ne faisait pas d'histoire sur son travail. Il m'a regardé avec surprise quand je lui ai demandé s'il pouvait m'expliquer sa stratégie de trading. J'étais le premier en 30 ans de carrière qui s'y intéressait. «Comment cela se fait-il ?», lui ai-je demandé. Il a dit que tous les autres avaient essayé de lui vendre quelque chose ou donner leur avis sur les marchés. Personne ne s'était intéressé à ce qu'il faisait. J'étais manifestement la première personne à l'interroger sur sa méthode.

J'ai passé quatre heures dans un restaurant de Berlin avec ce trader. Il avait peine à croire que j'étais simplement là pour l'écouter. De temps en temps, je lui posais une petite question pour clarifier un point ; il y répondait volontiers. Vous ne trouverez rien à son sujet sur internet ou ailleurs. Il n'a pas de site Web, ni besoin de faire de la publicité pour trouver des clients. Au contraire. Comme il n'est pas loin de la retraite, il songe à s'arrêter et son souci est plutôt de se débarrasser de ses clients. Dans son cas, ce n'est pas si facile. Il connaît chaque client personnellement et certains d'entre eux sont même ses amis. Il se donne également la peine de rencontrer chacun une fois par an pour discuter de l'évolution de leurs comptes et de ses objectifs financiers. Il a des douzaines de clients et certains depuis des décennies. Deux d'entre eux figurent parmi ses premiers clients, et lui sont demeurés fidèles au long de toutes ces années.

Ce trader réalise un profit annuel de 10 à 15%. Il a pu connaître quelques années de perte, comme aucune. Ce n'est donc pas étonnant que ses clients soient satisfaits. C'est pour ça aussi qu'il n'a pas besoin de publicité. Avec lui, tout se passe par le bouche à oreille. Et il a plus de clients qu'il n'en voudrait. Malgré son succès, il reste très modeste.

Naturellement, l'importance des comptes varie. Les débutants peuvent avoir 50.000 $ ou 70.000 $ avec lui. D'autres ont débuté avec de plus fortes sommes. Il possède également quelques comptes de plusieurs millions de dollars suite à leur croissance exponentielle au cours des années. Ce trader a fait plusieurs millionnaires au long de sa carrière. Certains ont récupéré leur mise et depuis ce sont des particuliers qui profitent de leur pension de retraite.

Cette personne est, pour moi, l'exemple-type de ce qu'une personne peut réaliser sur du long terme, s'il applique systématiquement et infailliblement une méthode particulière.

Mais, il s'agit d'un petit nombre si on s'en tient aux normes des hedgefonds ou de Wall Street.

Cependant, ne vous y trompez pas. S'il gère des capitaux modestes, cela ne signifie pas que son revenu est modeste. Au contraire. Puisqu'il tire ses revenus en partie de ses bénéfices, ils sont particulièrement élevés, et ses clients sont très heureux de les lui verser.

Et ce qu'il y a de plus étonnant est que pour exercer son activité, il n'a pas besoin de structure particulière, légale ou autre. « Vous n'avez pas créé d'entreprise pour votre activité ? » lui ai-je demandé. Il a secoué la tête. Cela lui aurait créé plus de complications. Il a besoin de son temps pour ses clients, dont il surveille individuellement les comptes. Chaque matin, il passe plusieurs heures à étudier le compte de l'un d'eux et à voir s'il doit modifier quoi que ce soit. Il a le souci, en fait, de chaque compte. « Tout le monde a ses propres objectifs financiers, m'a-t-il dit, et je dois les prendre en compte. »

Comme il gère quotidiennement un compte spécifique, tous ses clients sont traités dans le courant du mois. À la fin du mois, il recommence avec le premier client. Lors de l'entrevue annuelle avec chaque client, il prend toujours des notes. Il ne connaît pas seulement les objectifs financiers de chacun de ses clients. Il sait aussi tout de leurs familles : si quelqu'un est décédé ou s'il y a un nouveau petit-enfant. Il sait si quelqu'un est malade ou en voie de guérison. En bref, ce trader connaît ses clients et se préoccupe de chacun individuellement.

Maintenant, vous vous demandez probablement quelle est la stratégie particulière de ce trader. C'est très simple. Ce trader négocie principalement avec des ETF. Il ne négocie pas des actions individuelles, mais observe un panel de marchés et de secteurs internationaux. Par exemple, il pourrait établir des positions dans des ETF qui représentent le secteur des télécommunications ou acheter un ETF sur le marché des producteurs de pétrole ou des services publics américains. Il suit également la conjoncture internationale. S'il perçoit une opportunité en Turquie, car les actions ont fortement chuté, il achète un ETF sur le marché turc.

Sa stratégie ? Il achète quand un marché a chuté de 20%. C'est tout.

C'est toute sa stratégie.

«Quoi? Ai-je demandé. C'est tout ? »

Il m'a regardé perplexe. « Oui, dit-il calmement. C'est tout. » Il ne pouvait pas imaginer que je ne comprenais pas vraiment ce qu'il voulait dire.

«Mais, dis-je, que faites-vous si le marché baisse encore de 20%?

— Bien, dit-il, alors j'achète à nouveau. J'achète quand le marché baisse de 20%.

— Mais c'est baisser le prix, ai-je dit.

— Bien sûr que oui», a-t-il répondu. Et il m'a regardé de nouveau avec étonnement. Jusque-là, j'avais envisagé baisser le prix ou le coût moyen comme un des plus gros péchés jamais commis par les négociants. Il m'a regardé comme s'il ne comprenait pas très bien en quoi cela me posait problème. Il n'avait aucun problème avec ça. C'était sa méthode. Vous achetez un marché quand il est abordable. Peu lui importait d'attendre deux mois ou cinq ans avant que la position ne fasse du profit. Il était suffisamment patient et ses clients aussi. Si le marché chutait à nouveau de 20%, tant mieux ! Ensuite, il achetait de nouveau.

Puisqu'il travaille sans effet de levier, il peut simplement attendre toute position à perte. Il ne considère pas non plus les positions de perte en tant que telles. Il dit juste : « J'ai une position. » Il sait que le temps joue en sa faveur.

Ça fonctionne pour lui. Comme il ne négocie pas des actions, mais uniquement des marchés, sa position ne peut jamais être nulle. Peu importe que le secteur soit mauvais, à un moment donné, la chute des marchés cesse et sa persévérance porte ses fruits. Il considère cela comme normal et il attend ce moment.

J'ai rarement vu une personne aussi modeste et décontractée. Il n'espère pas de gain excessif. Déjà, rien qu'avec 5% sur une année donnée, il est heureux. Ce négociant a survécu au crash de 1987 sur le SP500. Il a survécu à l'éclatement de la bulle Internet et à la crise financière de 2008. Il a été impliqué dans tous les marchés à la hausse et à la baisse depuis les années 1980 et a géré les comptes de ses clients avec ces hauts et ces bas. Et chaque fois, il achetait lorsque le marché avait chuté de 20%.

Pourquoi suis-je en train de vous dire cela ? D'abord, bien sûr, parce que j'admire ce trader pour ce qu'il a accompli et fait encore aujourd'hui, (il souhaite rester anonyme). J'en ai appris davantage au cours de ces quatre heures passées au restaurant berlinois que pendant mes nombreuses années de spéculation en bourse. Ce trader enfreint presque toutes les règles que l'industrie du trading essaye de nous indiquer, et cela marche.

Il n'utilise pas d'ordre «stop», par exemple. Il m'a regardé de nouveau avec cette expression symptomatique lorsque j'ai abordé le sujet. A ce moment-là, je n'étais pas sûr s'il connaissait même le terme «stop» ... Pour lui, «avoir une position» équivaut à «avoir une conviction». Bien sûr, c'est une autre règle qu'il a enfreinte, car toute la littérature boursière est pleine de déclarations selon lesquelles vous ne devriez pas avoir de conviction, voire même, aucune opinion. Ce négociant agit exactement à l'inverse. « Je pense que la Turquie va surmonter cette crise et que les actions vont repartir à la hausse », a-t-il déclaré, lorsque je lui ai demandé pourquoi il venait d›acheter un ETF sur des actions turques.

Ainsi, lorsqu'il a acheté des actions turques, c'est parce qu'il se faisait une idée précise de la bourse turque.

S'il était convaincu qu'un marché était sous-évalué en raison d'une correction ou d'un événement imprévu, cela l'intéressait d'établir une position sur ce marché. Et il se moquait de savoir si ce marché continuait de chuter après avoir établi sa position initiale. « Tant mieux, dit-il, ainsi je peux les obtenir à des prix encore plus bas. »

Ainsi, il a violé une autre «règle d'or» du marché spéculatif traditionnel : ne jamais baisser le prix. Cette règle est probablement l'une des plus tabous imaginée par le système. Elle est basée sur l'hypothèse curieuse qu'un trader ne doit jamais se tromper sur sa première position. Sinon, l'ordre «stop» lui permet de limiter ses pertes. Comme cela se produit assez souvent, le négociant doit juste faire plusieurs essais. Bien sûr, cela est parfaitement adapté au courtage. Plus de transactions (un ordre stop génère également des commissions) signifient plus de revenus pour le courtier. Il faut se méfier de ce qu'on lit …

Ce trader n'était pas un bon client pour son courtier. S'il achetait, il se souciait peu de savoir si la position restait sur son compte pendant une semaine ou cinq ans. Avec une telle attitude, en tant que courtier, vous ne gagnerez pas beaucoup d'argent avec ce type de trader. Il se souciait simplement trop de ses clients et beaucoup trop peu des ventes de son courtier.

Il n'a jamais participé à un quelconque salon du courtage ni à une conférence de gestionnaires de fonds, même s'il en gère techniquement lui-même, et avec beaucoup de succès. Il ne se rend qu'occasionnellement à New York, lorsqu'il veut prendre un vol pour l'Europe. Il adore passer les semaines dans des villes comme Rome, Paris ou Prague et visiter tous les musées et expositions d'art possibles.

New York et Wall Street ne l'intéressent pas du tout. Il préfère rencontrer l'un de ses clients et parler de ses enfants ou petits-enfants. Il sait exactement qui va bien et qui a des problèmes de santé. L'argent ne l'intéresse pas du tout, car il en a assez. Au contraire. Il m'a confié qu'il préférerait avoir davantage de clients à clôturer leurs comptes, car il pourrait ainsi passer plus de temps en Europe. Oui, ce trader gère son «fonds» efficacement, avec un simple ordinateur portable.

Il a beaucoup à faire et il ne veut pas être impliqué dans le secteur du trading ou à Wall Street. Quand il est chez lui, il réside dans une ville de taille moyenne, quelque part au milieu de nulle part. C'est une personne unique en son genre qui agit à sa guise sans se soucier des règles. Il personnifie, selon moi, le rêve américain. Cependant, ce n›est pas celui de quelqu'un qui s'enrichit aux dépens des autres. Il a gagné son indépendance et son argent grâce à un travail régulier et honnête. Il ne vous promet pas la lune. Il explique à chaque investisseur ce qu'il peut espérer : un rendement solide avec une stratégie à long terme. Et honnêtement, c'est exactement ce que veulent la plupart des gens qui ne spéculent pas. Pensez-y.

À première vue, cette histoire n'a pas grand-chose à voir avec la stratégie présentée ici, car contrairement à la méthode de mon ami, la stratégie de relance de la spéculation se fait à court terme, voire même à très court terme. Si vous souhaitez utiliser cette stratégie, vous devez utiliser des ordres «stops», comme toujours lorsque vous négociez des produits à effet de levier. Je vous raconte cette histoire, parce que je veux que la sérénité de ce négociant américain déteigne sur vous, car vous en aurez besoin.

Si vous envisagez de spéculer avec la stratégie de relance, ou toute autre stratégie, vous découvrirez bientôt que ce dont vous avez le plus besoin est de sérénité. Ce trader l'a. Il n'a pas peur non plus. Quand une action ou un marché chute de 20%, la plupart des traders ont peur. C'est une situation inconnue. Tant que les marchés grimpent et baissent de 1 ou 2%, tout semble aller bien. Cependant, si un marché chute de 20% ou plus, tout le monde a peur, car cela pourrait s'aggraver. C'est ce qui arrive certaines fois. Mon ami trader ne redoute pas une telle situation. Toute sa méthode repose sur l'attente d'un tel événement. Puis il agit. Et il le fait méthodiquement, calmement et en toute sérénité.

Vous vous demandez peut-être comment parvenir à une telle sérénité, car la spéculation avec des produits à effet de levier a toujours quelque chose d'excitant. C'est certain. Mais plus vous négocieriez, plus vous aspirerez à cette sérénité. À un moment donné, vous voudrez pouvoir dormir en toute quiétude sans avoir à penser constamment aux positions que vous avez actuellement sur le marché. Et vous ne pourrez le faire que lorsque vous commencerez à penser à l'importance de vos positions aujourd'hui. Et c'est exactement ce que nous voulons faire dans le chapitre suivant.

CHAPITRE 4

GESTION DES RISQUES

Comme tout trader le sait ou devrait le savoir, la gestion des risques est l'un des outils les plus importants, voire le plus important de sa boîte à outils. Le négociant doit être celui qui contrôle le risque et non un facteur externe tel que «le marché» ou, pire encore, son compte sous-capitalisé.

D'après mon expérience, ce dernier facteur est la principale raison de l'échec des traders : les positions de surendettement. Qu'est-ce que j'entends par là ? Les traders inexpérimentés prennent des positions (sur marge, c'est-à-dire à crédit), qui sont franchement ridicules par rapport à leur capital spéculatif. Je ne plaisante pas. Beaucoup trop importantes ! Je sais que de nombreux négociants utilisent la règle dite du 1%. Pourtant, je pense que cette règle est toujours risquée. Si vous risquez 1% de votre capital par transaction, cela ne vous semblera peut-être pas beaucoup. Si vous perdez une fois, vous disposerez toujours de 99% de votre capital (bien que cela ne soit pas mathématiquement exact, car, en fait, vous avez moins).

Les traders professionnels risquent 0,2 ou 0,3% et parfois même moins. La raison en est simple : vous pouvez spéculer de façon beaucoup plus sereine avec ce type de position. Si vous êtes dans une période tendue, cela ne vous affecte pas. Si vous passez moins de temps avec votre règle du 1%, alors, le fait de perdre 10% ou 15% de votre capital commencera à vous inquiéter. Vous allez hésiter ou pire, vous prendrez des risques plus importants pour compenser rapidement la perte accumulée. C'est humain, mais c'est l'assurance d'une perte totale à terme. Croyez-moi ! Je sais de quoi je parle. J'ai moi-même ruiné plusieurs comptes, en négociant ainsi. Plusieurs !

Alors s'il-vous-plaît, ne faîtes pas comme moi ! Faîtes le bon choix dès le début et commencez à réduire l'importance de la position que vous souhaitez négocier. Réduisez de moitié, voire mieux, négociez avec un quart de la taille initiale. Cela facilite beaucoup la spéculation et la vie. Ceci s'applique en particulier à la méthode présentée ici. De temps en temps, vous constaterez que le marché va à l'inverse de votre position bien plus longtemps que prévu. Oui, les marchés peuvent parfois évoluer de façon totalement irrationnelle dans un sens, avant de procéder à la correction (cf. Bitcoin & Co.).

Si vous êtes du mauvais côté du trade, la sueur vous monte au visage plus rapidement que vous ne pouvez l'imaginer, signe tangible que votre position est trop grande. Il vaut mieux s'assurer de ne pas se retrouver dans cette situation.

Certains lecteurs peuvent me dire : « D'accord Monsieur Heikin Ashi. Mais si je spécule avec de telles mini-positions, c'est tout juste si je fais progresser mon compte, et pire, je ne gagne pas assez pour pouvoir vivre de mes spéculations. »

Ma réponse à cette objection est catégorique et simple : « Ôtez-vous de l'esprit l'idée de vivre de votre ridicule «capital spéculatif» de 10 000 $. Vous n'y arriverez pas ! »

Votre but est d'abord de maîtriser la méthode de spéculation choisie. Plus précisément, si vous parvenez à obtenir un rendement de 15 à 20% sur une base annuelle, comme mon ami trader, avec des retraits maximaux inférieurs à 10%, alors vous êtes sacrément verni. Avec ma gestion sereine des risques, c'est faisable.

Par conséquent, si vous avez la possibilité d'obtenir de tels rendements mirifiques en prenant des risques raisonnables, les traders vous donneront tout l'or du monde. Parce qu'ils recherchent justement cela : un rendement annuel solide avec un risque gérable.

Comment avez-vous obtenu cet argent ? Je l'ai expliqué dans mon livre «*Comment se lancer dans le trading avec 500 euros*».

Oubliez cet objectif avec votre maigre capital de 10 000 $ (voire moins). Si vous souhaitez atteindre cet objectif déraisonnable, une chose est sûre : les traders professionnels obtiendront ces 10 000 $, plus rapidement que vous ne pouvez l'imaginer. Je sais que la plupart des traders vont ignorer mon conseil (je l'ai fait). Cependant, ne venez pas me dire que je ne vous ai pas prévenu.

J'ai un autre conseil. Supposons que vous ayez 10 000 $ pour spéculer. Par pitié, ne transférez que 20% de celui-ci, soit 2 000 $, sur votre compte dédié ! Si vous réalisez un bénéfice de 200 $ ou 500 $ au bout d'un certain temps, transférez cet argent sur un compte courant, c'est-à-dire un compte qui n'est pas destiné à la spéculation. Récompensez-vous. Vous ne pouvez pas en vivre, mais vous allez programmer votre cerveau pour que le succès soit au rendez-vous. Donc, ne raisonnez pas en pourcentage, mais en argent réel. De l'argent que vous pouvez dépenser (un bon repas, un cinéma avec votre bien-aimée ou, comme je le fais, avec des cigares de luxe).

Permettez-moi de le répéter clairement : si vous penser en vivre avec un si petit somme, ôtez cela de votre esprit. Ce petit capital de départ, quel que soit son montant, vous aidera à apprendre les rudiments du métier en tout premier lieu. Si vous persistez à croire que vous pouvez gagner votre vie en spéculant avec votre propre capital, vous devez alors mettre au moins un demi-million de dollars. Ainsi vous pourrez tenter une gestion limitée des risques (après une préparation et une formation suffisantes). Je ne le conseille pas, tant que vous n'avez pas maîtrisé votre métier.

Si, comme la plupart des gens, vous ne disposez pas de cet argent, vous devrez convaincre les investisseurs de vous le fournir. Vous ne pourrez faire que lorsque vous pourrez réellement trader. Cela signifie que vous avez un bilan d'au moins un an et qui répond aux critères que j'ai mentionnés précédemment. Alors, vous pourrez être en passe de devenir un vrai professionnel comme mon ami trader.

Chacun son chemin. Bien sûr, vous pouvez essayer de vous spécialiser dans un fonds spéculatif ou pour toute gestion d'actifs. C'est possible, mais pas évident ; je sais de quoi je parle, car j'ai emprunté ce chemin moi-même. Une autre alternative est d'essayer la méthode de mon ami trader. C'est ce qui me paraît le plus séduisant. Une structure souple à moindre coût administratif et une relation personnelle avec vos clients.

Oh, à propos du gain potentiel grâce à un tel modèle ... Mon ami gagne facilement une somme moyenne à six chiffres. Je ne sais pas quelles sont vos ambitions annuelles, mais, personnellement, je pourrais très bien vivre avec cet argent.

Je ne veux pas exclure que vous puissiez y arriver «par vous-même», en gagnant un million sur 5000 ou 10 000$. Il y a des personnes qui sont devenues d'importants spéculateurs après des débuts modestes. Elles existent, mais ne sont pas nombreuses.

CHAPITRE 5

COMMENT EST-CE QUE J'IDENTIFIE LES MOUVEMENTS EXTRÊMES ?

Pour identifier un mouvement inhabituel, il est important que vous observiez judicieusement le mouvement dans le graphique. Cela signifie que vous ne devez pas seulement considérer le mouvement actuel, mais vous devez aussi comprimer le graphique afin de voir le mouvement dans le cadre des derniers jours ou des dernières semaines. Ce n'est qu'ainsi que l'ampleur du mouvement actuel devient nette et que vous pouvez commencer à évaluer si ce qui se passe actuellement représente ou non un mouvement inhabituel.

Image 2 : Or, diagramme horaire

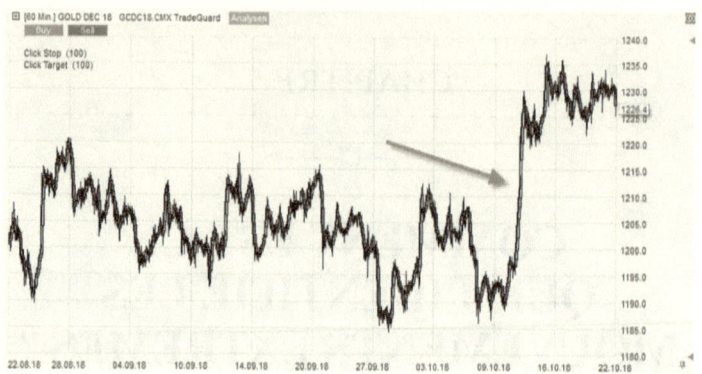

Ce que j'entends par compression est mieux illustré par ce diagramme horaire sur l'or. J'essaie de rendre le maximum de données visibles sur le graphique lors de la compression. Vous constatez clairement que le mouvement à la hausse à droite du graphique (flèche) se distingue du reste des fluctuations de prix au cours des semaines précédentes. En quelques heures, l'or a augmenté plus que pendant tout le mois précédent. Des mouvements comme celui-ci devraient attirer votre attention.

J'ai trouvé un autre exemple avec le Bund allemand (contrat à terme sur obligations du gouvernement allemand à échéance de 10 ans), qui a persisté plusieurs jours et a apporté, par la suite, plus de 600 points de profit.

C'était un mouvement important à l'époque. Comment je le sais ? Parce que je mets ce mouvement en rapport avec ce qui s'est passé auparavant. Regardez le prix avant le mouvement et comparez-le à la hausse qui a suivi (flèche).

Image 3 : Bund Future, graphique à 4 heures, décembre 2017 - juin 2018

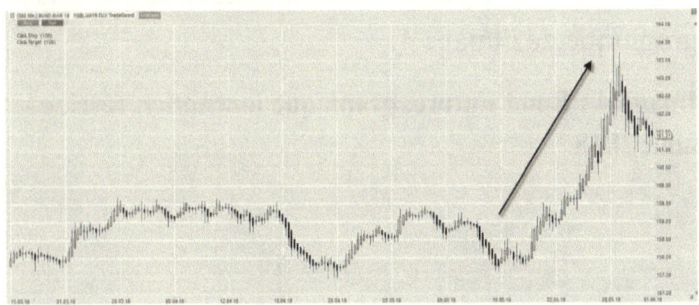

Le prix avant ce mouvement était relativement stable. Le Bund a navigué, à l'exception du mouvement à la baisse du 5 au 7 mars, dans des eaux tranquilles. La plupart du temps, la fourchette de spéculation était inférieure à 70 points. Puis, le Bund a soudainement pris 600 points en quelques jours.

Bien sûr, il y a généralement des «raisons» pour expliquer une telle évolution sur le marché. Cependant, ce n'est pas ce qui nous intéresse ici. Comme nous l'avons dit précédemment, il est difficile, pour ne pas dire impossible, de prévoir ou d'anticiper de telles observations. Nous pouvons habituellement nous attendre à ce que de tels mouvements extrêmes soient finalement corrigés. Dans cet exemple, le mouvement à la hausse a même été corrigé à plus de 50% et un vendeur à découvert pouvait réaliser un bénéfice honnête. Incidemment, le Bund Future est revenu exactement à son «niveau» classique, c'est-à-dire le prix moyen des 50 derniers jours, plus connu sous le nom de ligne des 50 jours (ligne verte dans le graphique de l'image 4).

Image 4 : Bund Future, graphique journalier, février - août 2018

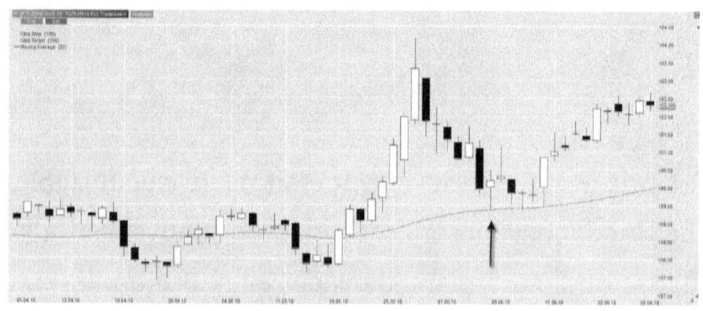

Le Bund Future s'est provisoirement «écarté» de la ligne des 50 jours (ligne verte dans le graphique) pour y revenir, presque exactement comme si rien ne s'était passé (flèche noire ci-dessous).

L'image montre également qu'il n'existe pas de moyenne statique, comme mentionné précédemment. La ligne verte qui représente la ligne des 200 jours est conforme à la tendance générale du Bund Future. Il augmentera si le prix du Bund Future est plus élevé et il baissera si la plupart des Bunds baissent. Je n'aborderai pas le sujet de la pondération exponentielle de la moyenne mobile. En ce qui concerne la stratégie de spéculation par la relance, qui est une stratégie à court terme, cela ne jouait pas ou très peu. Je ne constatais aucune amélioration des résultats lorsque j'utilisais une moyenne mobile exponentielle au lieu de la moyenne mobile simple. Il appartient à chaque opérateur de décider s'il souhaite utiliser la ligne des 200 jours ou tout autre indicateur pour cette stratégie. Bien entendu, la ligne des 200 jours (dans le graphique quotidien !) vous donne une indication sur ce que les professionnels de ce marché considèrent actuellement comme un prix «juste». Cependant, comme je l'ai dit, cette perception change constamment. La ligne peut être utile, par exemple, si vous souhaitez définir un objectif de prix, si vous pariez sur le principe d'inversion de la moyenne. Dans cet exemple, cela aurait très bien fonctionné. Le lecteur doit être bien conscient que ce n'est pas toujours le cas.

Examinons à nouveau ce mouvement dans le Bund Future, cette fois dans le graphique horaire, car vous remarquerez alors une caractéristique particulière.

Image 5 : Bund Future, graphique horaire, mai à juin 2018

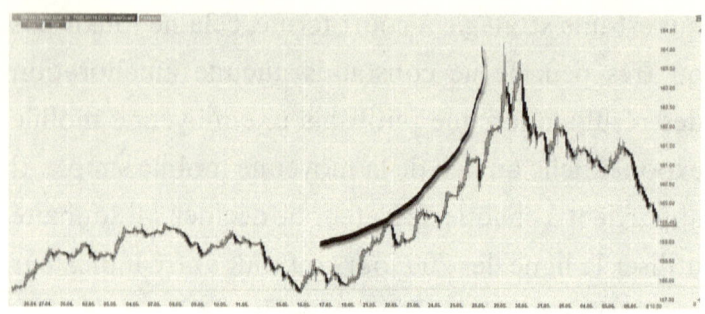

Si nous examinons de plus près le graphique de l'image 5, nous voyons une situation de marché typique qui retiendra l'attention d'un trader de relance. À un moment donné, le marché a commencé à éclater. Cela ne s'est pas produit de manière brutale, mais progressivement. Le mouvement à la hausse a commencé le 18 mai 2018. Au début, cela semblait être un mouvement normal à la hausse, qui s'est déroulé dans le contexte des mouvements de prix habituels des semaines précédentes. Cependant, après le week-end du lundi 21 mai, le mouvement à la hausse s'est poursuivi. Les jours suivants, il y avait toujours des corrections mineures, mais après une journée tout au plus, les acheteurs n'ont cessé d'orienter le marché à la hausse. À un moment donné, il semblait qu'il n'y aurait pas de fin à cette embellie. Le lundi 28 mai, le Bund Future a débuté par un gros écart à la baisse. Cependant, les acheteurs ont comblé cet écart en quelques heures. Ensuite, ils ont orienté le marché toujours plus haut. Ils ont facilement marqué 150 points ce jour-là et le prix à la clôture était presque le plus haut de la journée. Le lendemain, mardi 29 mai, finalement, il n'y avait plus d'opposition. Ils ont fait grimper le Bund de 200 points en trois heures. Quiconque s'intéressait au graphique horaire du Bund Future, à l'époque, pouvait suivre la trajectoire ascensionnelle, qui ressemblait à celle d'une fusée.

Ceux qui observaient ces dernières semaines pouvaient clairement s'apercevoir dans le graphique que le Bund Future était en train de réaliser **un mouvement parabolique**, similaire à celui que nous connaissons dans le graphique Bitcoin. La caractéristique d'un tel mouvement est qu'il augmente de manière exponentielle. Au début, le mouvement semble être «normal», mais progressivement, les prix grimpent de plus en plus, presque jusqu'à la verticale, comme ce fut le cas au matin du 29 mai. On aurait pu dire que le marché était en plein essor.

C'est généralement un signe que l'ensemble des traders joue exclusivement long et qu'il n'y a pas de vendeurs. C'est typiquement le genre de situation qui attire l'attention d'un trader à la relance. Il suffit d'attendre les premiers signes de faiblesse d'un tel marché. Ils se produisent, généralement, au moment où les premiers traders commencent à réaliser leurs bénéfices. En effet, la façon dont le Bund a explosé aux premières heures de trading du 29 mai était presque «anormale» bien qu'une telle exposition en bourse soit quelque peu dangereuse. Théoriquement, le Bund Future aurait pu atteindre des centaines de points de plus. Vous devriez toujours être paré à une telle éventualité, surtout en des périodes aussi folles. C'est pourquoi il est si important d'utiliser des ordres stop avec cette stratégie. Il a toujours existé des situations dans le passé, où les marchés s'emballaient, comme si les acteurs avaient perdu tout sens du «prix raisonnable». Protégez-vous d'une telle situation.

Lorsque le mouvement extrême finira par se calmer, cela reste difficile à prévoir, vous pouvez à tout moment - du moins à court terme - envisager de nouvelles augmentations (dans le cas d'un mouvement à la hausse). Celles-ci représentent alors également le plus grand danger pour les traders a contre tendance qui sont courts. Ils sont «grillés», comme disent les spéculateurs. Par conséquent, un ordre stop efficace est essentiel. Il doit limiter ses pertes, sachant qu'à tout instant il peut être emporté dans son élan. C'est pourquoi je ne préconise pas cette méthode pour un débutant. Seuls les opérateurs capables d'analyser correctement cette situation et de choisir une position adéquate en taille doivent l'utiliser.

Néanmoins, tout «renard avisé» sur les marchés se pourlèche les babines en observant un tel mouvement parabolique sur le graphique. Il sait par expérience que ce n'est qu'une question de temps avant que cette tendance ne se retourne ou du moins ne se corrige.

Dès que le marché se prépare à grimper, les ordres stop doivent faire leur travail. Cela prouverait sans équivoque au trader a contre tendance qu'il s'est trompé dans son évaluation et que le moment est venu de s'en sortir avec une perte moindre.

Bien sûr, cela montre clairement que vous ferez aussi des pertes avec une stratégie de relance. Comme pour toute stratégie, ces pertes sont logiquement liées à des gains potentiels.

Vous pouvez donc réduire les spéculations à la formule simple :

Taux de réussite / bénéfice moyen - perte moyenne.

En comprenant et maîtrisant cette formule, vous serez en mesure de développer une activité de négoce rentable, quelle que soit la stratégie que vous envisagez pour spéculer

CHAPITRE 6

PRENDRE PATIENCE
À L'ENTRÉE

Comme écrit précédemment, il n'est pas facile de déterminer quand un marché est survendu, ce qui justifie donc le déclenchement d'une position courte. Nous devrions essayer de comprendre le concept de «surachat-survendu» dans le contexte d'événements se déroulant sur les marchés courants. Par exemple, si un marché connaît une forte tendance, ce concept deviendra obsolète. Un marché en croissance rapide est toujours en «surachat». C'est pourquoi tous les indicateurs qui s'y réfèrent, ne sont pas valables dans le cas présent. En revanche, bien sûr, des creux ou des corrections techniques dans une tendance à la hausse marquée constituent de bonnes opportunités d'achat. Mais, ce n'est pas le sujet de ce livre.

C'est pourquoi je n'utilise pas d'indicateur pour déterminer mon entrée : cela ne me sert à rien. La façon dont je gère mon argent me suffit. Et elle est, comme on l'a déjà dit, rigoureusement conservatrice. Il doit en être ainsi, sans quoi je ne pourrais pas atteindre mon objectif. Si vous gardez des positions assez petites, elles restent gérables. C'est de cela dont il est question. Vous ne devez jamais perdre le contrôle de votre position, quoi qu'il arrive. Si pour une raison quelconque c'est le cas, vous devez clôturer la position immédiatement ou au moins la réduire.

Rien n'est gravé dans la pierre avec cette méthode. Le trader de relance tente de profiter des hausses et des baisses. Mais, il y parviendra rarement. En règle générale, il estimera qu'il est entré «trop tôt» et, dans certains cas, bien sûr, «trop tard». Par conséquent, vous devez présumer que votre position sera d'abord dans le rouge. Dans certains cas, ça se passe bien. L'approche habituelle consiste alors à «limiter les pertes», donc à utiliser des ordres stop assez rapidement après être entré. Les petites pertes ne font pas mal, dit-on Cela peut s'appliquer aux stratégies de scalping et à la plupart des stratégies de daytrading. La méthode de relance n'est ni un scalping, ni daytrading, ni une stratégie de swing trading, parce que, parfois, vous réaliserez vos bénéfices au bout de 20 minutes, d'autres fois, après quatre jours. Et vous devez pouvoir assumer cela.

Daytrading normal repose généralement sur un timing précis, qui, en réalité, est impossible à respecter. Quiconque l'a déjà tenté le sait. Vous avez soit acheté trop tôt (le marché continue à jouer contre vous) ou trop tard (le marché a déjà tourné et s'est déjà corrigé un peu).

Lorsque vous utilisez la méthode de relance je recommande toujours d'observer le graphique en prenant du recul par rapport au temps. Je regarde habituellement les graphiques horaires, que je condense pour garder une trace de ce qui s'est passé sur le marché au cours des dernières semaines. En prenant du recul, vous pourrez comprendre que vous avez tort de vous inquiéter lorsque votre position commence par baisser. Vous venez d'acheter et le marché a encore perdu 50 points. Et Alors ?

J'espère que vous comprenez maintenant pourquoi il est important de négocier avec de petites positions. En général, il y aura toujours un rééquilibrage et le marché va se retourner. Si vous avez une position trop importante sur le marché, par rapport à votre capital, et que vous devez la clôturer parce que vous ne pouvez plus «supporter» les pertes, vous ne pouvez pas en tirer parti lorsque la tendance va s'inverser en votre faveur.

La patience est un des obstacles majeurs du spéculateur a contre tendance. Soyons clair. Qui l'est ? Êtes-vous capable d'ouvrir votre plate-forme de trading le matin, observer vos graphiques, puis fermer la plate-forme sans avoir fait de trades ? Vous n'en faîtes pas, car il n'y a tout simplement rien à négocier. Les marchés ne n'offrent aucune une opportunité de faire des échanges selon la stratégie de relance. Tous les marchés fonctionnent normalement dans leurs limites habituelles. Il n'y a aucun mouvement extrême sur vos graphiques qui incite à spéculer.

Si vous savez faire preuve de patience et de discipline pour attendre les quelques opportunités réelles de la semaine, vous pourrez augmenter considérablement vos chances de réussite. Selon mon expérience, en moyenne chaque semaine, il y aura toujours deux ou trois excellentes occasions si vous vous limitez aux principaux marchés. Si vous utilisez un scanner pour rechercher des mouvements extrêmes dans les actions (au moins 15% moins ou plus), alors il se pourrait qu'il y en ait davantage.

Les profits rapides que vous pouvez et devez parfois prendre (voir les exemples dans la deuxième partie) donnent parfois l'impression que vous auriez scalpé. Cependant, pour moi, le scalping, c'est autre chose (voir mon livre «Le scalping est *amusant !*»).

Je suis convaincu qu'avec cette méthode, vous pouvez faire du trading efficacement. Vous n'avez pas besoin de faire plus de 40, 60 ou 70 points de temps en temps. Et c'est même inutile de rester assis devant l'ordinateur toute la journée pour obtenir ces gains. Au contraire. Une fois que vous avez configuré correctement vos scanners, une brève vérification peut suffire toutes les trois heures. Au bout d'un moment, vous verrez si une opportunité spéculative se présente. Les mobiles modernes vous facilitent la tâche en ce sens. Certaines plates-formes vous envoient même une alerte (SMS ou e-mail) lorsque quelque chose d'intéressant se produit sur le marché.

Cette méthode a l'avantage de ne pas vous obliger à faire du trading toute la journée pour que ça marche. Dans le même temps, vous pouvez faire autre chose (ou négocier d'autres stratégies).

Incidemment, cela s'applique également quand vous avez des positions sur le marché. Ne faites pas l'erreur de suivre vos positions en permanence. Le trading est un jeu de probabilité. Vous ne pourrez jamais attraper, ou alors par miracle, des pics ou des creux de la journée. Cela signifie que votre apparition sur le marché n'est qu'une simple coïncidence. Bien entendu, la stratégie de relance repose sur le marché qui corrige, au moins partiellement, le mouvement précédent. Il est préférable de laisser le marché apprécier s'il doit se corriger et de quelle façon.

En d'autres termes, vous devez toujours utiliser des *bracket orders*. Les *bracket orders* consistent toujours en trois ordres. Si vous voulez être long, ouvrez la position avec un ordre d'achat. Cet ordre est automatiquement accompagné d'un ordre de vente stop, qui détermine votre risque. Dans le même temps, le système définit également un ordre de limite de vente. Cela permet de sécuriser les bénéfices une fois que le marché a atteint votre prix cible. Ces *bracket orders* sont fonction de votre gestion des risques. Cela sert à calculer votre risque maximum. Si, pour une raison quelconque, vous n'êtes plus en mesure de surveiller le marché, les *bracket orders* feront le travail pour vous. Ou bien le marché attrapera votre ordre stop ou le prix cible. Cependant, il se peut que votre position n'ait pas varié à votre retour. Ensuite, vous avez la possibilité de réaliser le profit engrangé et de clôturer l'ordre. Personne ne vous oblige à attendre que le marché atteigne votre objectif prix, s'il existe des signes indiquant qu'il peut à nouveau se retourner et que vous soyez amené à restituer le profit accumulé.

Prenez ce que le marché vous offre. C'est simple, mais difficile à réaliser. J'ai appris cette simple règle à mes dépens. J'ai toujours été le héros préférant que le marché atteigne mon prix cible plutôt que de prendre simplement l'argent que le marché avait mis sur la table. J'ai dû apprendre à prendre cet argent, qu'il s'agisse de 50 ou 500 $

CHAPITRE 7

L'ORDRE STOP ME PROTÈGE-T-IL VRAIMENT DE LOURDES PERTES ?

Peu importe le rythme auquel vous voulez sortir de la transaction, vous pouvez continuer à dormir sur vos deux oreilles avec des *bracket orders*. Votre risque demeure limité dès le début. Enfin presque… Lors de certaines phases fluctuantes, en particulier à cause d'un trop brusque et soudain effondrement des prix, le prix d'exécution peut s'avérer différent du prix stop. Cela est particulièrement vrai si vous maintenez une position la nuit ou le week-end. Il est fort possible qu'un marché ouvre le lundi matin avec un écart important. Si vous négociez des titres à effet de levier tels que des contrats à terme ou des devises, cela peut provoquer des pertes importantes et, dans des cas extrêmes (comme le fameux *Francogeddon*), des pertes menaçant votre survie.

Comme cela a déjà été dit à plusieurs reprises, la meilleure assurance contre cela est de faire du trading avec des positions petites ou «défendables». En tant que négociant, vous devez toujours garder à l'esprit le pire des scénarios. En règle générale, selon mon expérience, ces pertes et profits s'équilibrent au cours de la carrière d'un trader (le mouvement extrême peut parfois survenir à votre profit, comme cela m'est déjà arrivé en EUR/JPY pendant la crise de l'euro. En une demi-heure, ma position a fait 700 pips de profit !) Parfois, vous serez dans le camp des vainqueurs, parfois dans celui des perdants.

Cependant, en de très rares occasions, cela peut s'avérer dangereux. Ensuite, nous parlons de «théorie des évènements du cygne noir». Ce sont des événements tels que le *Francogeddon* susmentionné, par lequel tous les marchés financiers ont été pris au dépourvu avec un événement extérieur. Dans le cas du *Francogeddon*, la Banque nationale suisse a relevé le taux de change minimal de l'euro de 1,20 le 15 janvier 2015 sans préavis. Le franc suisse a bondi de près de 20% d'un seul coup.

Seul un ordre stop garanti permet d'éviter un tel événement. Ici, le courtier garantit la clôture de la position exactement au prix souhaité. Le courtier assume donc le risque et doit supporter lui-même les coûts liés aux écarts. En contrepartie, le trader paie généralement des frais pour cette garantie. Les frais peuvent également être supportés en augmentant les écarts. Vous devez donc considérer ce coût supplémentaire comme une sorte de prime d'assurance. Parlez-en à votre courtier, demandez-lui s'il offre des ordres stop garantis et combien cela coûte.

C'est à la discrétion du trader de décider s'il souhaite ou non faire des transactions avec des ordres stop garantis.

À ce sujet, je ferai deux remarques. Premièrement, comme je l'ai déjà dit, vous devez réaliser des transactions avec des positions adaptées afin que, si un tel événement se produit, vous ne soyez pas immédiatement ruiné. Deuxièmement, dans des cas extrêmes, comme le *Francogeddon*, le courtier a participé à cette perte, même si rien ne l'y obligeait. Ce fut le cas de mon courtier. Il est donc très important que vous choisissiez un courtier ayant survécu à des événements tels que le *Francogeddon* et peut-être même étant intervenu auprès de ses clients qui se trouvaient du «mauvais côté». Troisièmement, dans le cas de la stratégie de relance, nous sommes généralement en sécurité, car «le désastre» s'est déjà produit. La stratégie est conçue pour attendre le mouvement extrême et prendre alors la position inverse. Ceci, à lui seul est la meilleure assurance contre les variations extrêmes de prix.

Il arrive que de telles situations extrêmes ne se produisent pas seulement en position courte. Il y a aussi des actions qui ont augmenté si dramatiquement que les détenteurs de positions courtes, non seulement se retrouvaient «grillés» mais faisaient également faillite. L'exemple le plus frappant d'une telle «liquidation forcée» des positions courtes est probablement le cours des actions allemandes de Volkswagen à la fin d'octobre 2008. Le 26 octobre 2008, Volkswagen a informé Porsche que sa participation dans Volkswagen était passée de 35% à 42%. Il avait gagné 6% et obtenu une garantie supplémentaire de 31,5% grâce aux options, soit une participation totale de 74,1% avec le plein exercice de l'option. Cependant, de nombreux traders avaient parié sur une chute des prix et des actions Volkswagen normalement courtes. Comme la région allemande de Basse-Saxe détenait 20% d'actions supplémentaires de Volkswagen, moins de 6% restaient librement négociables. Les vendeurs courts avaient toutefois emprunté 12% des actions qu'ils avaient dû acheter pour couvrir l'emprunt sur le marché. Par conséquent, ils ont été obligés de liquider leur position courte. Du coup, le prix des actions a explosé et grimpé en deux jours, passant d'environ 200 € à plus de 1 000 € !

Cet exemple vous montre que le marché boursier peut parfois s'avérer un lieu très aléatoire. Il est donc important qu'en tant que trader, se comportant dans la plupart des cas comme gestionnaire de fonds avec des titres à effet de levier, vous sachiez ce que vous faites.

En ce qui concerne l'ordre stop après l'entrée, je choisis généralement un ordre stop élevé. Pour revenir, par exemple, aux Bunds Futures. Si un marché a grimpé de 600 points et que je suis court, dans l'espoir d'atteindre au moins 100 à 200 points de correction, cela n'a aucun sens de fonctionner avec un ordre stop de 50 points. J'espère que vous pouvez comprendre ça. Au matin du 29 mai, le Bund Future a pris, à lui seul, 200 points, avant d'atteindre son plafond. Si vous êtes court ici, avec un ordre stop de 50 points, les chances d'obtenir votre ordre stop suite à un dernier sursaut des acheteurs, sont très élevées. Cela peut marcher, mais la chance que vous soyez éliminé du marché demeure plus probable que celle de gagner.

C'est pourquoi je choisirais un ordre stop d'au moins 150 points pour de tels mouvements. Si cet ordre stop est également repéré, cela indique généralement clairement que votre évaluation était fausse et que le marché continuera à progresser.

CHAPITRE 8

MONEYMANAGAMENT

En ce qui concerne le money management, nous pouvons demeurer court. En effet, nous tablons sur une relance, c'est-à-dire un rebond. En règle générale, vous devrez vous contenter de 70 à 100 points. Ce pourrait être plus, mais souvent ces contre-balancements après une fluctuation extrême ne durent pas. C'est pourquoi vous avez tout intérêt à prendre ce que le marché vous propose.

Bien que j'aie expérimenté les *trailing stops*, je n'y ai trouvé aucun avantage. Cependant, il est logique de mettre le top au breakeven dès que vous avez un bénéfice de 50 à 60 points. Cela n'a aucun sens de continuer la spéculation à la baisse une fois que vous avez réalisé un tel profit.

Comme je l'ai dit, la meilleure chose à faire est de prendre l'argent sur la table et de s'enfuir. Cela peut paraître peu orthodoxe, mais c'est surtout bon pour votre compte.

CHAPITRE 9

SORTIE

Une fois que vous avez compris que l'entrée parfaite n'existe pas (sauf coup de chance), cela s'applique naturellement également à la sortie de la transaction. Contrairement à l'entrée, je ne suis pas patient. Par exemple, si une transaction génère des bénéfices mais n'atteint pas encore le prix fixé, je n'hésite pas à récupérer les bénéfices si le marché ne dépasse pas un certain niveau. La stratégie de relance consiste à prendre ce que le marché vous offre. Si cela prend trop de temps pour dépasser un certain seuil, je n'hésite pas et prends ce que j'ai.

Certains traders diront ici que vous ne spéculez pas au maximum de vos possibilités, car vous n'exploitez pas tout votre potentiel spéculatif. J'entends cette objection. Cependant, cela est le fait d'une philosophie de trading différente qui spécule patiemment, avant de laisser le marché décider s'il va atteindre en premier l'objectif de prix ou l'ordre stop.

Si, concernant l'entrée, j'écrivais, « Spéculez uniquement lorsque vous avez peur », cela signifie, pour la sortie : « et vendez dès que vous sentez l'appât du gain.

La plupart des traders font le contraire. Ils sont impatients d'entrer (ils sont avides d'acheter ou de vendre, quelles que soient les circonstances) et infiniment patients à la sortie (ils ont peur de clôturer la position, même si le profit n'est pas si important). Avec cette stratégie, vous devez apprendre à prendre l'argent qui est sur la table et à courir.

La stratégie de relance consiste donc à attendre patiemment une bonne occasion, puis à frapper vite et fort, comme un tireur d'élite qui attend toute la journée pour tirer un coup de feu. Je n'ai pas de meilleure image pour cette stratégie.

CHAPITRE 10

---※---

QUAND LES MEILLEURES OPPORTUNITÉS SE PRÉSENTENT-ELLES ?

Bien sûr, cela aussi n'est pas gravé dans le marbre, car de bonnes opportunités avec cette stratégie peuvent se présenter à tout moment. En ce qui concerne les principaux marchés, mon expérience montre qu'à New York, elles se produisent plus souvent à midi ou en fin d'après-midi, lorsque les marchés ont atteint des creux ou des sommets quotidiens. Vous devez attendre jusqu'à ce que vous ayez une réelle chance. La raison en est très simple. Si un marché connaît une forte tendance et que chaque trader est court, vous ne pourrez peut-être pas atteindre votre position de contre-tendance avant la fin de la journée, lorsque les traders à la clôture clôturent leurs positions.

C'est souvent le bon moment pour agir. Vous devez toujours garder à l'esprit que si le marché a initié une tendance au cours de la journée (il a évolué dans un certain sens), ceux qui ont négocié cette tendance sont alors assis sur des bénéfices qu'ils finiront par prendre à la fin de la journée. Ce fait, à lui seul, entraîne une pression inverse, raison pour laquelle c'est souvent le meilleur moment pour appliquer la stratégie de relance.

---- ❖ ----

CHAPITRE 11

POURQUOI VOUS DEVEZ TENIR COMPTE DU CALENDRIER ÉCONOMIQUE

Une faculté importante (et souvent mésestimée) d'un opérateur est celle d'évaluer correctement le calendrier dit «économique». J'aime utiliser le calendrier du site Web *forexfactory.com.*

Image 6 : Calendrier économique du 12 décembre 2018

Date	5:48am	Currency	Impact		Detail	Actual	Forecast	Previous	Graph
Wed Dec 12	12:17am	AUD		Westpac Consumer Sentiment		0.1%		2.8%	
	12:50am	JPY		Core Machinery Orders m/m		7.6%	10.2%	-18.3%	
		JPY		PPI y/y		2.3%	2.4%	3.0%	
	5:30pm	JPY		Tertiary Industry Activity m/m		1.9%	0.9%	-1.2%	
▶	10:00am	EUR		Italian Quarterly Unemployment Rate			10.3%	10.7%	
	11:00am	EUR		Industrial Production m/m			0.2%	-0.3%	
	2:30pm	CAD		Capacity Utilization Rate			85.3%	85.5%	
⟹		USD		CPI m/m			0.0%	0.3%	
⟹		USD		Core CPI m/m			0.2%	0.2%	
	4:30pm	USD		Crude Oil Inventories			-3.0M	-7.3M	
	7:01pm	USD		10-y Bond Auction				3.21|2.5	
	8:00pm	USD		Federal Budget Balance			-193.5b	-100.5B	
	10:45pm	NZD		PPI m/m				-0.6%	

La couleur de la petite icône en forme de petite usine vous donne une indication sur l'importance de l'événement prévu. *Forexfactory* fonctionne avec trois couleurs : jaune, orange et rouge. Les icônes jaunes et orange indiquent que les chiffres ne sont pas si importants, du moins pour faire évoluer le marché de manière significative. Si l'icône d'usine est en rouge, cela signifie généralement que l'événement est considéré comme important et que vous pouvez vous attendre à une volatilité accrue (c'est-à-dire des opportunités de trading). Dans l'exemple de l'image 6, il n'y a eu qu'un seul événement important ce jour-là : prix américain à la consommation à 8h30. Les prix à la consommation ont représenté une partie importante de l'inflation globale totale. L'inflation est importante pour l'évaluation de la monnaie car la Fed pourrait relever les taux d'intérêt en raison de la hausse des prix.

Un mouvement important peut se produire, en particulier si les chiffres s'écartent considérablement des prévisions. Celles des analystes pour la journée étaient de 0,0%. Cela signifie que la majorité d'entre eux ne s'attendaient à aucune variation des prix à la consommation. Ce pronostic s'est avéré être correct. Les chiffres des analystes ont été confirmés. Bien sûr, vous observez comment le dollar va réagir dans une telle situation, vous ouvrez donc le graphique EUR/USD. Si les chiffres correspondent aux prévisions, il n'y aura généralement pas de mouvement majeur, car toutes les informations étaient prévues à l'avance sur le marché. Excepté une petite secousse, le marché a à peine bougé ce 12 décembre.

Inversement, un événement qui n'a été surligné en jaune que par l'équipe de *Forexfactory* (ce qui signifie qu'il est considéré de moindre importance) pourrait entraîner un mouvement important. Bien entendu, cela se produit généralement lorsque les chiffres réels s'écartent tellement de ce qui était prévu qu'il prend de court les acteurs du marché.

Le calendrier économique n'est donc pas un outil de prévision exact. Il vous indique simplement si un événement important est imminent ou non. Je suis toujours étonné de voir que peu de traders intègrent le calendrier économique dans leurs estimations. Par exemple, certains traders se demandent pourquoi les marchés évoluent à peine du lundi au mercredi et spéculent sur des créneaux resserrés. Si je leur demande pourquoi, ils haussent les épaules, même si tout le monde savait que la décision de la BCE concernant les taux d'intérêt devait tomber jeudi de cette semaine. Si d'importantes décisions en matière de politique économique ou monétaire n'émeuvent pas les marchés financiers, qu'est-ce qui peut le faire bouger ?

Par conséquent, vous devriez étudier le calendrier en début de semaine et prendre des notes. Par exemple, si on attend les chiffres de chômage en Nouvelle-Zélande, alors vous devriez observer le NZD/USD ce jour-là. Dois-je, en tant que trader, m'intéresser aux chiffres du chômage en Nouvelle-Zélande ? La réponse est oui. Les voici :

Image 7 : Données sur le chômage en Nouvelle-Zélande 2000 - 2018

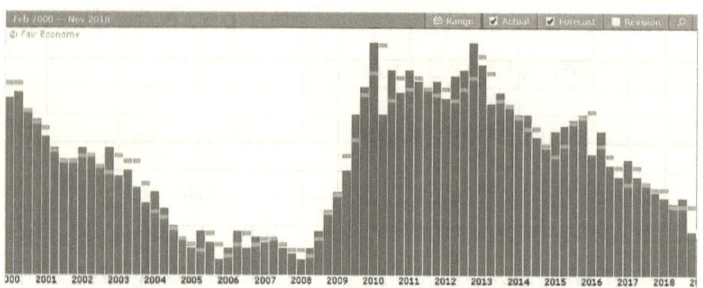

Vous pouvez trouver ce graphique en cliquant sur le petit bouton marron à côté de l'événement sur *Forexfactory*. Puis, une fenêtre s'ouvre avec l'explication de l'événement. Sous le terme «historique», vous verrez «graphique». Cliquez dessus pour voir comment les chiffres ont évolué au cours des derniers trimestres. On peut clairement voir comment le taux de chômage a augmenté de manière significative au cours de la crise financière de 2008. Dans les années qui ont suivi, l'économie néo-zélandaise a pu se redresser. Le taux de chômage (fin 2018) se rapproche maintenant des bons chiffres d'avant la crise financière.

Le 6 novembre, le taux de chômage (35 jours après la fin de chaque trimestre) a été annoncé. Le taux prévu était de 4,4%. Les analystes prévoyaient qu'il serait de nouveau de 4,4%. Cependant, les chiffres se sont avérés meilleurs que prévu, puisqu'ils se situaient bien en dessous, à 3,9%. La réaction des acteurs du marché ne s'est pas fait attendre :

Image 8 : NZDUSD, graphique horaire 2 novembre au 7 novembre

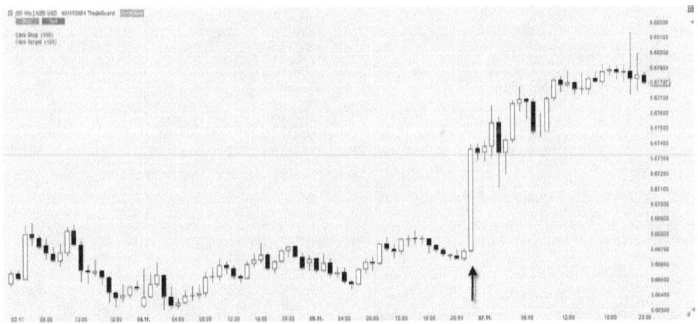

Comme vous pouvez le constater sur le diagramme, le marché était très calme les jours précédents. Il n'y avait presque aucun mouvement. Apparemment, les acteurs du marché ont bien accueilli le nouveau taux de chômage, car immédiatement après l'annonce, le dollar néo-zélandais a gagné 70 pips. Je dis «apparemment», car on peut supposer que la chaîne de causalité est «moins de chômeurs-bon pour l'économie-bon pour la monnaie». Cependant, cette chaîne de causalité n'est pas toujours fiable.

Un tel mouvement à la hausse me suffirait-il pour être court dans le cas présent ? Honnêtement non. C'est un bon mouvement dans ce couple, mais ce n'est pas ce que j'appellerais un «mouvement extrême», car il faudrait alors que le couple évolue, en pourcentage, de plusieurs points ou de plusieurs centaines de pips dans un sens. Et ce n'était clairement pas le cas ici. Le marché a réagi positivement à ces bons chiffres dans la fourchette prévue. Mais pas plus.

CHAPITRE 12

---※---

QUELS MARCHÉS CONVIENNENT À UNE STRATÉGIE DE RELANCE ?

En principe, cette stratégie peut être mise en œuvre sur n'importe quel marché négociable. Il est important que le marché sur lequel vous choisissez de spéculer soit suffisamment actif pour que vous puissiez vous en sortir rapidement si nécessaire. Voici un aperçu des marchés sur lesquels j'aime bien spéculer :

Devises : EUR/USD, EUR/JPY, AUD/USD, NZD/USD, USD/JPY, GBP/JPY, USD/CHF, USD/CAD, GBP/CHF, AUD/JPY, EUR/CHF

Indices : Dow Jones, NASDAQ, SP500, DAX, CAC40, Eurostoxx50, Nikkei 225

Titres : Bund Future, BOBL Future, rendements obligataires américains à 30 ans, obligations du Trésor américain à 10 ans

Métaux précieux : or, argent, platine, palladium

Marchandises: Cuivre, pétrole brut WTI, pétrole Brent, gaz naturel, blé, maïs, cacao, coton, jus d'orange, café, sucre

Actions : La plupart des actions américaines avec une capitalisation boursière d'au moins 2 milliards de dollars.

Ce sont mes marchés habituels, mais naturellement, chacun est libre d'en ajouter d'autres à cette liste. Il peut parfois être intéressant d'échanger sur des marchés où vous n'iriez pas en temps normal. Pendant la fameuse «crise italienne», j'ai spéculé sur l'évolution des actions italiennes. Sinon, les semaines précédant le vote du Brexit, j'avais spéculé avec le FTSE 100, ce que je n'avais pas l'habitude de faire. Il y a toujours des opportunités quand vous gardez vos yeux et vos oreilles ouverts sur le monde et sortez de votre univers cloisonné.

PARTIE 2 : EXEMPLES DE SPÉCULATION

CHAPITRE 1

———— ✿ ————

EXEMPLES DES INDICES BOUSIERS

Image 9 : FDAX, graphique horaire

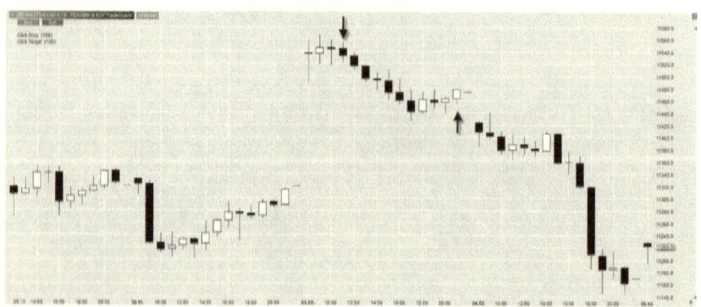

Dans cet exemple, le FDAX s'est ouvert lundi matin 3 décembre 2018 avec un gap de plus de 200 points. J'ai pensé que c'était une ouverture trop optimiste, n'attendant qu'une correction. Après que le marché se soit établi à 11.530-11.550 pendant environ 2 heures, sans aucune autre progression, j'ai opté pour une position vendeur (flèche ci-dessus). Ma prévision s'est avérée exacte. Le FDAX a commencé à chuter, mais sans paliers. De façon générale, j'ai fait un peu moins de 100 points de profit en fin de journée. Il restait encore une fenêtre pour spéculer. Cependant, j'ai voulu assurer, et ai pris le bénéfice (petite flèche noire du côté droit). Comme vous pouvez voir, cette décision était un peu prématurée, parce que le matin suivant le FDAX s'est ouvert avec un léger gap à la baisse. Pendant toute la journée, les titres ont continué à baisser jusqu'à, finalement, compenser la hausse du lundi et même se situer encore en dessous du seuil initial. De façon générale, j'aurais pu faire plus de 400 points en spéculant ainsi si j'avais gardé ma position. C'est également les limites de ma méthode : J'agis frileusement, pour ainsi dire, si je laisse échapper tant de points.

Comment aurais-je pu prévoir le 3 décembre au soir, que le FDAX continuerait à chuter le matin suivant ? Je n'avais aucun moyen de le deviner. Personne ne le savait. Parfois des écarts sont comblés immédiatement, mais d'autres fois vous pouvez attendre longtemps avant que cela se produise. La seule chose que je «connaissais», en réalité, était la probabilité d'une correction après un tel gap à la hausse, ce qui s'est effectivement produit. Bien que j'eusse pu subodorer que le gap serait comblé le lendemain, j'ai décidé de prendre ce que le marché avait offert jusque-là. Je pense que c'est un principe important avec lequel on a beaucoup de mal : prenez ce que le marché vous offre et partez. Spéculer uniquement pour rester en espérant faire plus de profits est inutile. Vous ne pouvez pas prévoir. Rappelez-vous, la stratégie de relance est une réaction à une fluctuation extrême. Malheureusement, comme il est impossible de prévoir jusqu'où se prolongera cette réaction du marché, je pense qu'il vaut, généralement, mieux clôturer la position.

Image 10 : Dow Jones Future, graphique horaire, 8 au 16 octobre 2018

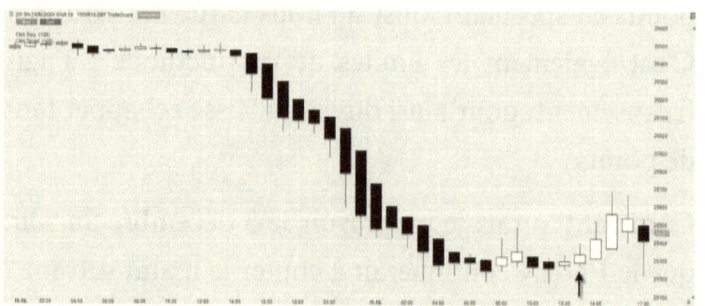

Le 10 octobre, le Dow Jones Future a perdu plus de 1.000 points. Comme vous pouvez voir dans le graphique d'Heikin Ashi, il n'y a pratiquement pas eu d'effet de contrebalancement. Par conséquent, le trader de relance a dû s'armer de patience. Le creux de la vague s'est situé à 25.188 points atteints en début de matinée le lendemain.

Seulement, en Europe, pendant la matinée, un redressement significatif s'est produit (flèche ci-dessous), qui a fait regrimper le Dow Jones Future de plus de 450 points. Un trader avisé aurait pu engranger plus de 200 points dans ce cas.

Naturellement, de tels mouvements se produisent rarement, mais cela vaut la peine de faire du trading parce que les «corrections techniques» permettent, habituellement, de reprendre plus de 100 poin

CHAPITRE 2

---❀---

EXEMPLES SUR LES MARCHÉS DE CHANGES (FOREX)

Image 11 : GBP/JPY, graphique sur quatre heures, septembre-novembre 2018

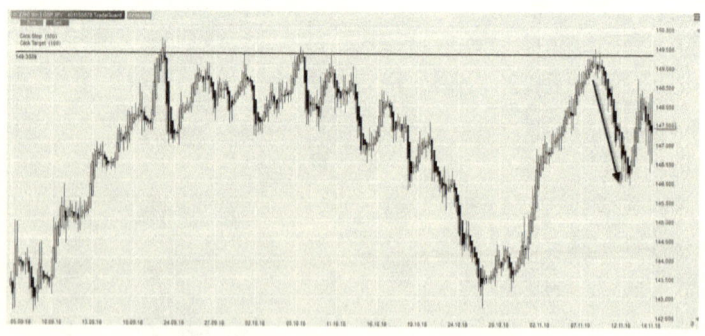

Dans cet exemple, le marché a offert un cadeau, ce qui se produit de temps en temps. Du moins, je l'ai considéré comme tel. Comme vous pouvez voir, pendant le mois de septembre, le GBP/JPY a chuté à plusieurs reprises pour offrir une résistance à 149.28 (trait horizontal ci-dessus). De façon générale, le

80

marché a résisté en quatre occasions, mais a été à plusieurs reprises repoussé par les vendeurs. Puisque ces tentatives ont toutes été basées sur de petits mouvements, il n›y avait aucun besoin d'agir en l'occurrence. En conclusion, GBP/JPY a reculé au cours du mois suivant, atteignant 143.00. Cependant, le couple s'est relevé le 1er novembre 2018, avec, désormais, une tendance à la hausse avec quelques corrections importantes. Le style de graphique d'Heikin Ashi illustre bien ce fait en traçant un graphique avec une tendance à la hausse et un grand nombre de chandelles blanches (flèche verte). De façon générale, le couple a récupéré plus de 5.000 pips, jusqu'à retrouver une résistance à 149.28.

Image 12 : GBPJPY, graphique horaire, 11.8.2018

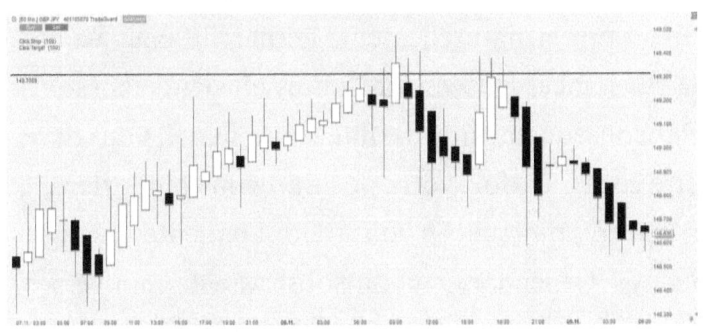

Nous voyons, sur le graphique horaire, que le couple a atteint un seuil de résistance en début de matinée, le 8 novembre. Vers 9h il y a eu une première tentative infructueuse pour vaincre cette résistance.

Le couple est resté en dessous du seuil de résistance dans les heures qui ont suivi. Dans ce cas précis, naturellement, vous pouviez établir une première position vendeur, à moins d'attendre la confirmation, qui surviendrait quelques heures plus tard. Le problème est, que, dans ce cas, il peut toujours y avoir une deuxième tentative infructueuse de vaincre la résistance, et c'est seulement après que vous recevez votre confirmation. Cependant, il pourrait aussi bien arriver que le couple commence à chuter juste après le premier échec. Quoi que vous fassiez, vous verrez en différentes occasions que le marché décide différemment de ce que vous aviez prévu. Parfois, comme dans cet exemple, il essayera de vaincre la résistance par deux fois, d'autres fois il se retournera tout de suite et commencera à foncer dans une autre direction, et naturellement, le marché peut vaincre la résistance, si nécessaire, après plusieurs tentatives. Par conséquent, si vous obtenez ce signal, vous devez être court. Parfois votre position vous rapportera, et à d'autres moments il vous faudra patienter quelques heures. Cependant, si vous observez un mouvement fort (implorant une correction) et que ce mouvement se heurte à une forte résistance, spéculer devient presque un jeu d'enfant. Dans les jours qui ont suivi, le couple a perdu plus de 3.000 points, suivant les indications de l'image 11.

Image 13 : GBPUSD, graphique horaire, 17 au 29 septembre 2018

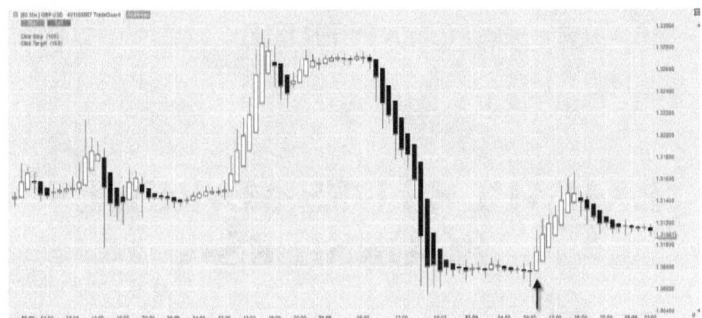

Cet exemple de la livre britannique est symptomatique. Le vendredi 21 septembre, la livre avait chuté de plus de 200 pips. Il ne s'agissait pas d'un mouvement énorme, mais, du moins, d'un honnête accident après les gains de la veille. Le couple a atteint son creux vers la fin de l'après-midi et a navigué dans la soirée, dans une fourchette étroite. Naturellement, il est toujours risqué de prendre une position avant le week-end. Je préfère attendre après le week-end pour entrer. En effet, le rebond technique s'est opéré lundi matin. Un trader de relance pouvait réaliser 50 à 60 pips dans ce mouvement.

Comme vous pouvez voir, vous devez adapter votre cible, avec cette stratégie au mouvement précédent. Espérer une correction de 150 pips avec un précédent mouvement de 200 pips est très ambitieux. Après un mouvement de 200 pips, vous pouvez espérer une correction de 50 ou 60 pips. L'ordre stop devrait être au moins à 100 points.

CHAPITRE 3

EXEMPLES DES MARCHÉS BOURSIERS

Image 14 : Weight Watchers, graphique sur 15 minutes, 1er au 6 novembre 2018

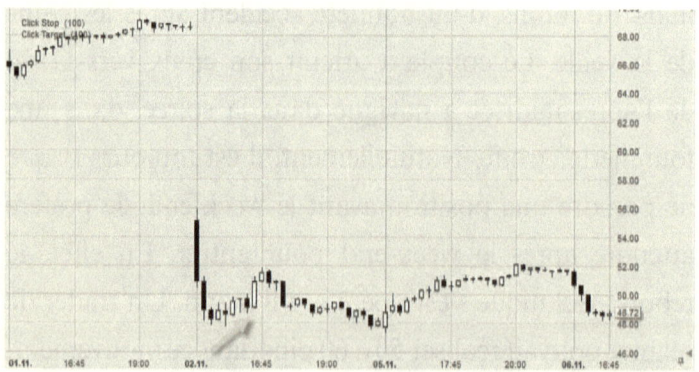

Les actions Weight Watchers (Nasdaq : WTW) ont démarré le 2 novembre 2018 en baisse de 14 $. Les actions ont chuté durant la première demi-heure et encore perdu presque 8 $. De façon générale, les actions ont laissé filer plus de 30% en un jour. WTW, après que ses cours se soient effondrés a annoncé que le nombre de ses souscripteurs avait encore diminué et que la société s'était trompée dans ses prévisions de ventes pour le troisième trimestre. Les actions sont tombées en dessous de 48 $ une demi-heure après l'ouverture, alors qu'elles étaient encore à 68 $ la nuit précédente. Naturellement, 30% en un jour représente une sacrée saignée à blanc. Cependant, pour un trader de relance en quête de position rapide, c'était l'occasion de prendre quelques points grâce à ces actions. Comme vous pouvez voir sur le graphique, cette correction technique est intervenue au bout d'environ une heure (flèche ci-dessous). Ceux qui avaient observé les actions pouvaient peut-être acheter à 48.50 $ et vendre à 51 $ après environ 45 minutes. Ceci peut sembler des miettes pour certains, mais ces miettes représentent 5.15% par action en moins d'une heure. Ceci est difficilement réalisable en temps normal pour un trader. Cependant, dans le cas d'une chute spectaculaire des actions et des fluctuations qui l'accompagnent, vous pouvez avoir des rebonds aussi soudains. J'aurais choisi dans ce cas à environ 46.50 $, soit 2 $ de moins que mon prix d'achat, sachant que cet ordre pouvait être exécuté n'importe quand, ce qui ne s'est pas produit ici.

Image 15 : Green Sky, graphique sur 15 minutes

Les actions de Green Sky Inc. (GSKY) ont chuté de 38% au matin du 6 novembre, après que les objectifs trimestriels de ventes, au mois de septembre, n'aient pas été atteints et que les prévisions s'annoncent négatives pour le trimestre suivant. Comme vous pouvez le voir, les traders n'ont pas du tout apprécié cette annonce. Au cours de la première heure, les actions sont tombées encore plus bas, de 10 $ à 8.80 $. C'est alors que quelques acheteurs ont fait leur apparition. Un trader de relance pouvait acheter à 9 $ (petite flèche verte du côté gauche). Cependant, cette acquisition aurait été prématurée, parce que les actions sont descendues à 8.55 $ dans la demi-heure suivante. La correction est intervenue après ce second plongeon. La position a commencé par tomber dans le rouge avant de se redresser et de finir par un bénéfice (grande flèche verte). Le trader pouvait vendre ses actions à environ 9.50 $. Après tout, cela représentait un gain de 5.50% en deux heures. Cependant, vous devez être à l'affut et prêt à prendre ce que le marché vous offre. Comme le montre cet exemple, vous ne devez pas supposer que vous achèterez toujours au prix bas. Rien que pour cela, je conseille de plus petites positions et des ordres stop plus généreux. Dans ce cas, ç'aurait pu être autour de 8.50 $. Avec ce genre de transaction, vous ne réaliserez pas de bon rendement. Vous devriez essayer d'obtenir au moins un taux de rendement de 1:1. Si vous risquez un dollar, vous devez aussi essayer d'en obtenir un. Finalement, c'est le taux de succès, relativement élevé avec cette stratégie, qui vous procurera un bénéfice conséquent.

Dans le cas de Green Sky, nous voyons que les actions se sont négocié dans une fourchette comprise entre 9 $ et 9.50 $ les reste de la journée. Mon expérience est que le mieux est d'entrer au premier redressement. Il ne faut pas se fier aux redressements postérieurs ou aux vagues d'achat.

Image 16 : Signet Jewellers, graphique sur cinq minutes

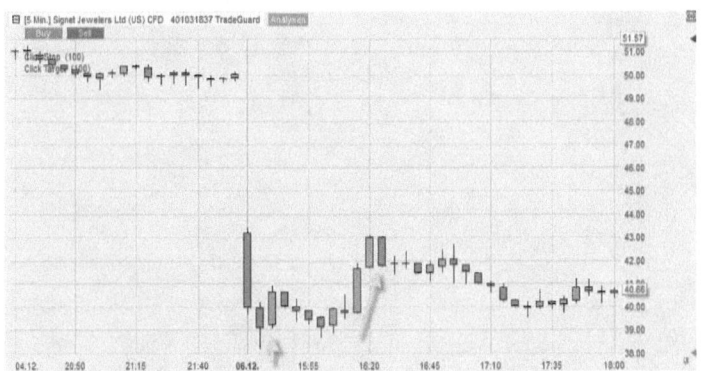

Dans le cas de *Signet Jewellers,* les actions ont baissé de 50 $ à 40 $ le 6 décembre : une chute de 20%. La chaîne de bijouteries a annoncé une perte trimestrielle de 29.9 millions de $, soit 1.06 $ par action. Le lendemain, lors des premières minutes de transaction, les actions sont tombées pratiquement à 38 $, alors les premiers acheteurs ont fait leur apparition, comme vous pouvez voir avec la troisième chandelle, orientée vers le haut. Par exemple, si vous achetiez, dans ce cas, pour 40 $, vous auriez dû attendre une demi-heure avant la correction. Les actions sont tombées encore plus bas, en dessous de 39 $. Après cela, les acheteurs sont arrivés et ont poussé les actions de nouveau à 43 $. Supposons que vous soyez sorti à 42 $. Vous auriez réalisé un bénéfice de 5% en une heure.

CHAPITRE 4

---❀---

EXEMPLES DES MARCHÉS DE PRODUITS

Image 17 : gaz naturel, 14 novembre 2018, graphique horaire

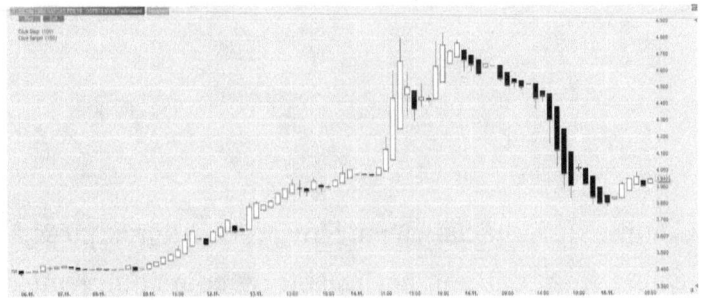

Les marchés de produits offrent les meilleures opportunités aux traders de relance, parce que les mouvements brusques peuvent se produire en peu de temps, qui est rare avec les devises ou les index. Regardez ce mouvement ascendant sur le marché à terme du gaz naturel. Le marché était longtemps resté stable, aux alentours de 3.20 \$. Le 2 novembre, il est sorti de cette léthargie et s'est mis à coter environ

3.50 $, une hausse de trente cents. Les jours suivants, le gaz naturel a continué à grimper, enregistrant une hausse de plus de 60 cents en moins de deux heures le 14 novembre. Globalement, le marché a progressé de 50% en moins de 2 semaines ! Le 14 novembre au soir, le marché à terme atteignait même 4,90 $.

Image 18 : gaz naturel, 14 novembre 2018, graphique horaire

Comme l'indique clairement l'image, vous auriez pu déjà réaliser un profit non négligeable au cours du premier mouvement, car le marché a été corrigé de 50 cents ! Ce sont d'énormes mouvements intra-journaliers, parfois supérieurs à 10%. Je pense que cela en dit long sur le fait qu'en tant que trader, vous devez adapter votre position lorsque vous négociez sur ce type de marché.

Dans la soirée, la deuxième vague est survenue, qui s'est de nouveau orientée vers 4,90 $. Ensuite, comme le marché à terme n'a pas pu vaincre cette résistance, c'était pour moi un signal clair et bref (petite flèche au-dessus). Je n'avais qu'à attendre le lendemain la correction. En quelques heures, le marché à terme est passé de 4,80 $ à 4 $. Cela représente un gain de plus de 16%. Vous ne verrez pas souvent ça, mais ça peut arriver.

Image 19 : Marché à terme du blé, graphique horaire, 11.6 - 12.10.2018

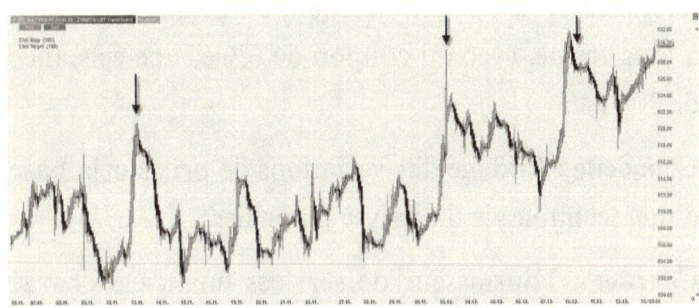

Le blé est aussi une marchandise que j'aime bien négocier. Vous pouvez statuer sur le fait qu'il y a toujours des excès (à la hausse ou à la baisse) qui peuvent bien se négocier. Cet exemple avec le graphique horaire illustre très bien cela. Encore une fois, il est préférable de condenser le graphique afin que vous puissiez voir les exagérations d'un coup d'œil. À l'époque, le blé oscillait entre 5 et 10 $, mais il y avait trois excès (flèches rouges), ce qui, pour moi, était une invitation claire à jouer court. Ça marche toujours ? Non ! Mais, ça fonctionne souvent et c'est suffisant. Comme vous pouvez le constater, vous rencontrerez une telle opportunité en suivant ce marché.

GLOSSAIRE

Bund Future : Contrat à terme allemand, qui fait référence à une obligation fédérale allemande virtuelle à long terme, avec un coupon de 6% et une échéance de 10 ans

Chandelle : Codage des variations de prix sur la base d'une technologie d'analyse japonaise

Courtier : Fournisseur de services financiers chargé d'exécuter les ordres des investisseurs

DAX : principal indice boursier allemand

Day trading : Le daytrading décrit la spéculation à court terme sur les titres. Les positions sont ouvertes et fermées dans une même journée de bourse, afin de tirer parti des faibles variations de prix

Drawdown : Pertes qui peuvent survenir en dehors des pics dans un laps de temps donné

E-Mini Futures : Contrat à terme sur l'indice américain SP500

Forex : Exchange Market, marché des changes international.

Francogeddon : La Banque nationale suisse a relevé le taux de change minimal de l'euro de 1,20 le 15 janvier 2015 sans préavis. Le franc suisse a augmenté de près de 20%.

Futures : Contrat à terme. Contrat standardisé pour acheter ou vendre un montant spécifique de titres à un prix déterminé, à une date précise

Gestion de l'argent : Stratégie à valeur ajoutée qui vise à contrôler le risque d'un portefeuille de titres en déterminant la taille des positions de négociation individuelles

Gestion des risques : Comprend toutes les mesures d'identification, d'analyse, d'évaluation, de suivi et de contrôle systématiques des risques

Heikin Ashi : «balancement sur un pied» Représentation japonaise des variations de prix

Hypothèse d'efficacité du marché : Selon cette théorie, les marchés financiers sont efficaces dans la mesure où les informations existantes sont déjà exprimées, de sorte qu'aucun acteur du marché ne peut obtenir de bénéfice supérieur à la moyenne par le biais d'une analyse technique, d'une analyse fondamentale, d'un délit d'initié ou autrement.

Indicateur : Indicateur d'analyse technique servant à déterminer les mouvements de prix des titres

Indice boursier : Indicateur de la performance du marché boursier dans son ensemble ou de groupes de titres individuels (par exemple, Dow Jones Industrials)

Liquidité : Indique dans quelle mesure un titre peut être vendu et acheté à un moment donné

Long : Être long ; avoir acheté des titres et donc en être propriétaire

Moyenne mobile simple : Une moyenne mobile simple est formée en calculant le prix moyen d'un titre sur un nombre spécifique de périodes

Moyenne mobile exponentielle : Les moyennes mobiles exponentielles (MME) réduisent les écarts dans l'évaluation du prix moyen en accordant plus de poids aux prix récents

Négociation automatisée ou algorithmique : Indique la négociation automatique de titres par des programmes informatiques

Objectif : Prix du marché boursier qu'un titre doit atteindre sur la base d'une analyse

Ordre Stop : Ordre de vente exécuté une fois qu'un certain prix est atteint

Ordre de prise de profit : ordre automatique, déclenché dès qu'un objectif de prix prédéfini a été atteint

Pennystocks : actions d'une valeur inférieure à un dollar dans la devise locale

Pip : Pourcentage en points, le plus petit changement du prix dans le négoce de devises

Position courte : Un trader est à court terme quand il vend une position sans en être propriétaire (vente à découvert)

Ratio rendement/risque (RRR) : Le RRR sert d'indicateur de l'utilité d'une spéculation. Il est calculé en divisant le profit escompté par la plus grande perte possible (stop loss)

Retour moyen : Tendance d'un marché financier à revenir à sa moyenne après une position extrême

Scalping : Technique de négociation, dans laquelle le trader tente de négocier des mouvements minimaux sur le marché

Short Squeeze : Pénurie de l'offre d'un titre qui avait déjà été court-circuité en grand nombre

Slippage : Différence entre le prix estimé et le prix réel d'un achat d'actif

S & P 500 (Standard & Poor's 500) : Indice boursier composé des 500 plus grandes entreprises américaines cotées

Stratégie d'entrée : stratégie qui détermine l'entrée sur un marché

Stratégie de sortie : stratégie qui détermine la sortie d'un marché

Taux de réussite : rapport entre les transactions bénéfiques et les transactions à perte

Théorie de l'évènement du cygne noir : événement imprévu qui fait prendre au développement économique un tournant décisif

Trailing Stop : Ordre stop automatique

Tendance suivante : Stratégie de spéculation basée sur le suivi d'une tendance déjà identifiée

Volatilité / Fluctuation : Indique comment un prix fluctue.

AUTRES OUVRAGES D'HEIKIN ASHI TRADER

Comment se lancer dans le trading avec 500 €

Beaucoup de nouveaux traders n'ont que très peu de capitaux disponibles dès le départ, mais ce n'est toutefois pas un obstacle à une carrière dans le trading. Cependant, ce livre ne décrit pas comment transformer un compte de 500 € en 500 000 €, car ce sont précisément ces espoirs exagérés concernant les rendements futurs qui amènent la plupart des débutants à échouer.

Au lieu de cela, l'auteur montre, de manière réaliste, comment vous pouvez devenir un trader à temps plein en dépit d'un capital de démarrage limité. Cela s'applique à la fois aux traders souhaitant rester privés, ainsi qu'à ceux qui veulent éventuellement investir les fonds de leurs clients.

Ce livre montre étape par étape comment le faire avec un plan d'action concret pour chaque étape. N'importe qui peut en principe être trader, si il ou elle est prêt à apprendre comment cette activité fonctionne.

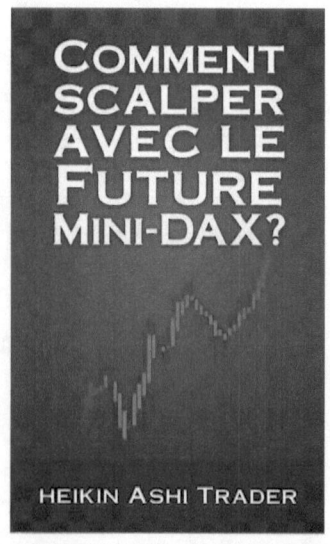

Comment scalper avec le Future Mini-DAX ?

Grâce à l'introduction du Future Mini-DAX (FDXM), les traders privés avec un petit compte peuvent avoir l'opportunité de scalper de façon professionnelle l'indice boursier allemand, le DAX. Contrairement à la plupart des autres instruments financiers, les Futures sont les plus transparents et les plus efficaces pour se faire de l'argent sur les marchés financiers.

Les Scalpeurs ont beaucoup plus d'opportunités de trading que les Traders de position ou les Day Traders, ce qui constitue la vraie force de ce style de trading. Un Scalpeur doit donc organiser ses capitaux bien plus efficacement que tous les participants du marché et ainsi obtenir des rendements bien meilleurs que les autres.

Heikin Ashi Trader montre dans ce livre comment scalper ce nouveau Future sur le DAX. Vous apprendrez comment entrer en position, comment gérer votre position et à quel moment vous devez sortir du marché. De plus, ce livre contient un grand nombre d'astuces et d'outils pour rendre votre trading encore plus efficace et plus précis.

À PROPOS DE L›AUTEUR

Heikin Ashi Trader est le pseudonyme d'un trader ayant plus de 18 ans d'expérience dans le Day Trading sur les Futures et le marché des changes. Il se spécialise dans le Scalping et le Day Trading rapide. Il a également publié de nombreux livres éducatifs sur ses activités de trading. Les sujets les plus populaires sont : le Scalping, le Swing Trading, la gestion de l'argent et des risques.

www.ingramcontent.com/pod-product-compliance
Lightning Source LLC
Chambersburg PA
CBHW022108170526
45157CB00004B/1543